SHODENSHA
SHINSHO

なぜ九〇%の人が家づくりに失敗するのか?

市村 博

JN276248

祥伝社新書

まえがき

家づくりは、普通の人にとっては一生に一度の大きな出来事で、生涯で一番高い買い物ではないでしょうか。何千万というお金を使うのですから失敗は許されません。家族が安心して楽しく暮らせる家を思い通りにつくるべく、周到な計画を立てていらっしゃる方も多いと思います。

けれども、建築の現場のこと、ハウスメーカーのことを何も知らないで家を建てると、とんでもない大失敗をすることが多々あります。

たとえばマンションに限らず一般住宅でも、「耐震等級2」といったような「住宅性能表示」は、本当に信じられるものなのでしょうか。これは住宅性能評価に基づく検査を受け、得られた評価を表示するものですが、この検査をするのはほとんどが民間の検査機関です。検査機関の中にはハウスメーカーの出資でできた御用検査機関のようなものも多くあり、どこまで信用していいかわからないことがあります。検査といっても、精密な検査をする会社は少なく、性能表示を丸ごと信頼していいのか、大いに疑問なのです。

住宅は理論構造上、設計に何の問題がなくても工事に手抜きがあれば、ちゃんとした家は建ちません。かつて日本の家づくりはその土地土地の優秀な大工さんが支えていましたが、高度成長の時代にハウスメーカーが急成長し、地場の工務店はしだいにハウスメーカーの下請け業者になっていきました。バブル期を経て、効率的な金儲け万能主義がはびこり、日本の誇りだった大工職人たちは働く意欲を失って現場を離れていきました。建築業界は大金が動くことから畑違いの人たちがハウスメーカーを起こすことも多く、ハウスメーカーが乱立してしまいました。

こうして建築現場のモラルとスキルの低下は目を覆《おお》うばかりとなり、「構造を知らない建築設計士」や「現場を見ない現場監督」「釘の打てない大工」がはびこることになったのです。

雨漏りのする家、建ててまもないのに傾く家、壁のモルタルにひびの入る家、建物全体が地面から浮き上がってしまう家など、笑うに笑えない、家づくりにまつわるさまざまな事例は本書をお読みくださるとよくわかると思います。

私はホームインスペクター（住まいと土地の検査技師）を仕事としています。施主から依頼を受けて、家の不具合をチェックしてきました。私どもの仕事は、設計図面から読みとき、基礎工事の他、釘打や防水、断熱などを細かくチェックしなければなりません。そうしないと後で問題が出る場合が多く、危険な家が建ってしまうことになるのです。

私の願いは、大切な家づくりをする際に、施主の側にもある程度の知識を持っていただき、ハウスメーカーの選択や交渉に役立ててもらいたい、ということなのです。この本がそのためのお役に立つことができれば、これに優《す》ぐる幸せはありません。

二〇一〇年二月

市村　博

＊目　次＊

第3章　こんなにある現場の常識、非常識

第7章 インスペクションでの信じ難い出来事……177

目　次

編集協力／海風社

第1章　なぜ家を建てるのでしょうか？

家を建てるための基本条件

なぜ家を建てるのでしょうか？　改めてそう考えると、人にはさまざまな動機があることがわかります。今まで長いこと住宅の設計に携《たずさ》わってきました。私の経験では人が家を建てようとするとき、年代によってその動機はいろいろのようです。

動機を整理してみると、年代の高い世代の動機で多いのは、

・現在の住まいが古くなった
・家の主の高齢化が進み、終《つい》の棲家《すみか》を考えたい
・転勤族だが、そろそろ安住の地をかまえたい
・子供が独立し、家が広すぎるので貸家付きにして収入を得たい

一方、年代が若い世代で多いのは、

・どうせ家賃を支払うなら、住宅ローンで家を建ててしまおう
・子供の就学を考え、マンションから1戸建にしたい
・子供ができたので、環境の良い郊外へ引っ越したい
・実家が古くなったので、2世帯住宅に建て替えたい

というあたりが家を建てるときの動機です。家を建てようと考えて実行に移す際には、自

分たちの動機を必ず整理しておき、優先順位を決めておいたほうがいいでしょう。

そして最も大事なことは、どのくらいその家に住むかです。若い年代のかたの場合、家族は増え、物も増えていくことになり、やがて家族が減少し、物が少なくなる時代が必ずきます。そういった人生の流れの中で、いったいいつの時代の家をベストと考えるのか、です。多くのかたは、家ができた瞬間をベストにしたいと考えがちですが、これは大きな間違いであることに気がついてほしいのです。

また一言で家を建てると言っても、現在の住まいを取り壊して建て替える場合と、土地を新たに取得してから家を新築する場合があります。後者の場合に比べ、前者のほうがさまざまな条件に恵まれています。

建て替えの場合は土地を取得する費用は必要ないし、長い年月居住していたわけだからご近所づきあいも気兼ねはありません。また四季折々の環境もよくわかっているから、建て替える家の設計にも、自分たちの住まいの経験を生かして設計を依頼することができるわけです。一方、新たに土地を探してから家を建てるとなると、土地探しに大変な負担がかかります。土地の取得予算をどのくらいまでに考えるかによって、エリアも限定されてしまうことになります。

また、多くの売り地の情報を見ればわかることですが、更地《さらち》の土地だけの分譲件数は少なく、建築条件付きといったひも付き物件がほとんどです。建築条件付き売り地は実はなかなか曲者《くせもの》で、あとで不愉快な思いをしたり痛い思いをすることがよくあります。それに対して、いわゆる建売住宅は、土地建物ともに売買契約となりますが、建築条件付き売り地は、土地は売買契約（対象物が有形）で建物は請負契約（対象物が無形）となるのです。土地の売買契約を先行し、売買契約締結後3カ月以内に建物の請負契約を締結しない場合は、土地の売買契約は白紙解約とする停止条件が付いていることを忘れてはいけません。

しかし多くの場合、土地の売買契約時に同時に建物の請負契約を締結するよう迫る業者が見受けられます。これでは、いったいどんな建物が建つのか細かい内容を詰めずに請負契約をすることになってしまうので、契約後、細かな仕様や外観の打ち合わせをした段階で「こんなはずでは……」と痛い思いをするケースをよく目にします。ひどい例では建物も売買契約に切り替えようとするケースもあり、こういった場合、その物件には手を出さないほうがいいでしょう。

土地を探すにはじっくり時間をかけることが必要ですが、いざ不動産の仲介業者とコンタクトを取ったとき必ず出てくる言葉が、「こんなにお買い得の土地はありません」というものです。客が時間をかけて検討すると言えば、「実はこの土地は他にも検討しているかたがいて、そのかたは来週には結論を出してくださるということで、早めにお決めにならないと売れてしまうかもしれません」と殺し文句を言ってきます。こんなときは、売れてしまったら縁がなかったと諦める冷静さが必要です。

さて、建て替えにしても新築にしても、ハウスメーカーを検討する準備段階では、どのような規模で、どのくらいの資金で建築するかの基本条件をはっきり決めておくことが大事であることは言うまでもありません。間取りや外観デザイン、インテリアの希望など、この基本条件をはっきりと決めておかないと、途中で迷い出して「そもそもなんで家を建てるの？」という迷路に陥《おちい》ってしまいます。

家を建てるには土地と道路が必要だが

当たり前のことですが、土地がないと家は建てられません。建て替えの場合は、今までその土地に長いこと住んでいるので、土地のロケーション評価は施主が一番よく知っていることと思います。

ここではこれから土地を取得しようとするかたに、きわめて基本的なことを解説しておきましょう。家を建てるにはその土地が建築基準法で規定する道路に最低2メートル接していないといけません。建築基準法で規定する道路とはどういうものでしょう？　道路として認められるのは、道路の幅員が4メートル以上あるものです。ただし、4メートル未満でも救済措置はあり、4メートル未満の道路の場合、現在の道路の中心線から2メートル後退した線を道路境界線として申請をすることになります（くわしくは建築基準法第42条に規定してあります）。この場合、後退した部分の敷地は建蔽率《けんぺい》・容積率には算入されないことになります。くわしくは所轄の役所の都市計画課や建築課などに出向いて確認をすれば間違いはないです。

さて、建築基準法の規定のほかに、道路が公道か私道かの違いもあります。公道の場合は問題となることはありませんが、私道の場合には確認をしておくべきことがあります。現場を見て明らかに道路の状態になっていても、私道の場合には建築基準法で規定する道路となっていないこともあります（これも役所で確認すればわかります）。

建築基準法で規定する私道の場合には、実は所有者が問題となります。所有者がまったくの第三者の場合、その私道を経由して工事車両が現場に入る際に通行拒否をされるようなことが起こりえます。また道路に埋設されている給水管や排水管に新たに接続をする場合にも、拒否されることがありえます。このようなことを起こさせないために、私道の所有者から道路通行承諾書と道路掘削承諾書を土地の契約時に取っておかないとなりません。なかにはこの承諾書を発行する際に、金銭を要求されることもあるので注意を要します。

最後に、道路が敷地より高い位置にある場合、雨水や便所などの汚水排水路を道路に接続できるかどうかが、大きな問題になります。このことも土地の契約前には必ず確認をしておく必要があります。

せっかく土地を取得しても家が建てられなかったり、私道の通行承諾や掘削承諾に高額な金銭を要求されたり、自然排水ができないために余計な設備費用がかかったりしたら一大事です。

豪華なパンフレットにごまかされるな

家を建てようと思い立ったとき、まず何から手をつけていいかわからないというかたが多くいます。そんなとき、まずは書店の住宅関連の書棚から数冊の本を見つけ出すことからスタートするかたが多いようです。

ここでの注意点を挙げておきます。単行本の場合、大きく分けて次のような分類ができます。

①中小のハウスメーカーや工務店の経営者が書いた本

この手の本の多くは、自社の営業ツールとして出版することが多く、自己宣伝本に近い内容が多くなります。

②ハウスメーカー〇〇社比較本

ある程度ハウスメーカーの概要はわかりますが、多くはハウスメーカーの広報にアンケート調査を実施しての分析内容なので、現場の実態については一般的評価とならざるをえません。

③タイアップ本

家づくりの流れ、資金計画、間取りの考え方などの内容が前編にあり、後編にハウスメーカーの主力商品をカラー写真で紹介しているムック本が、これに当てはまります。

内容はほとんどハウスメーカーの宣伝本で、各ハウスメーカーから掲載料を取っているので悪い内容は見えてきません。

大きく分けるとこの三種で、初期情報を入手する意味では情報源の一つではありましょう。ただし、中身をうのみにしないことが大事です。

基本情報を得たら、いよいよ具体的にハウスメーカーとコンタクトを取ることになります。最近はネット利用が当たり前になってきており、ハウスメーカーのホームページからカタログなどの資料請求ができるようになっていて、ネットから請求することが一般的のようです。

ハウスメーカーのカタログは主に３種類に分類できます。

・会社の概要などを説明しているカタログ
・主力商品をカラー写真で紹介しているカタログ
・工法など技術的な内容を紹介しているテクニカルカタログ

これらのカタログは１冊当たりの製造コストが数千円というオールカラーのカタログが多く、手にするといかにも素晴らしい家ができそうだとワクワクするような内容になっています。しかし気を落ち着けたうえでじっくりと読んでみると、おかしな日本語が多いのに気がつくと思います。建築には一般にはわかりにくい専門用語が多く、はじめて目にする用語が多くてとまどうことが多いでしょう。特にカタカナ用語は、私でも理解できないことが多いのです。ここでいくつか取り上げてみましょう。

〈高強度・高耐久〉

「高」という文字を先頭につけて、いかにも強そうで長持ちしそうな文言ですが、何を基準にして「高」なのかがわからず、イメージでごまかされてしまいます。

〈パワード〇〇・スーパー〇〇・モノコック〇〇・ハイパー〇〇〉

ハウスメーカーが広告代理店のアイデアを入れて、他社とは違うすぐれた材料・工法であることを強調するがための変な日本語です。

〈メンテナンスフリーの外壁〉

あたかも建物外部はメンテナンスが必要ない印象を受けますが、建物の外部に面する部分は外壁だけではなく、防水のためのシールがいたるところにされています。

このシールはメンテナンスが10年～15年で必要となり、その他外部には金属類が使用されており、錆《さび》や劣化の時期が来るので外壁がメンテナンスフリーでも、結局定期的な修繕は必要となることを忘れてはいけません。

冷静になって熟読することをお勧めします。

もう一つ錯覚しやすいのが、外観や室内の写真です。外観の写真は背景をCGで合成してあり、かなり引いた距離からの写真が多くなります。リゾート地のようなロケーションに建っているかのようですが、市街地ではけっしてありえないアングルの写真が多く、錯覚しないことが肝要です。

モデルハウスの維持費はどのくらいかかるのか

ひととおり事前の資料を下調べして、いよいよハウスメーカーとコンタクトを取ることになりますが、まずは住宅展示場のモデルハウスを見学に行くことから始める人が多いでしょう。

住宅展示場の多くは数社のハウスメーカーが出展しており、同時に複数のハウスメーカーのモデルハウスを見学できるメリットがあります。また、エリアによってモデルハウスのグレードや工法の特徴があるので、ネットなどで調べておくとよいでしょう。たとえば都内では駒沢公園のハウジングギャラリーは各社ともに最高級グレードのモデルハウスが建ち並んでいますが、これは世田谷を中心としたいわゆる高級住宅街が近隣にあるからです。一方、木場《きば》住宅総合展示場は地盤が比較的悪く、耐火性能を要求される下町エリアが近いことから、鉄骨系やコンクリート系のハウスメーカーのモデルが出展されています。

ところでこのモデルハウスの維持費はいったいどのくらいかかっているのでしょうか？

モデルハウスは、バブル景気のときはそれこそ3年も経てば建て替えるハウスメーカーが多かったのですが、最近はさすがに建て替えサイクルは5年前後となっています。

モデルハウスのイニシャルコスト（初期費用）は建築費・商品開発費・インテリア用品・照明器具などを全部含めてで平均すると８０００万円くらいかけています。これをもとに東京地区の展示場で年間の維持費を推察してみると、

土地賃借料　３０００万円
イニシャルコスト減価償却　１６００万円
光熱費　４００万円
モデルアシスタント人件費　３００万円

実に年間５３００万円前後にものぼります。

モデルハウスの来場者は土日祭日に集中し、最近は来場者が減少していて、聞くところによると新規来場者は月平均１００組前後、年間１２００組前後のようです。計算するとなんと来場者1組当たり約４・４万円もかかる計算になります。ずいぶんと効率の悪い、高い維持費であることがわかるのです。

さて、モデルハウスはどのメーカーも他社との差別化をするために、60～80坪くらいの面

積が多く、実際に建築する家の１・５～２倍くらいの大きさのものが建ち並んでいます。玄関や廊下・階段はゆったりとしており、天井の高さも実需の高さより高くしていることが多いのです。インテリアの仕上げ材もグレードアップしており、モデルハウスの仕様のままで建築すると坪１００万円を優に超えてしまうのがざらです。全体の雰囲気にごまかされず、部分的に参考になる箇所を記憶にとどめる程度のものであることを心して、見学しなければならないでしょう。

営業マンの生活実態

ハウスメーカーの営業マンは、過酷な労働状況にあると言えましょう。成績の良い営業マンと悪い営業マンとではおのずと営業活動に差が出ているものです。なぜ受注できる営業マンとできない営業マンがいるのか。受注できない営業マンはマニュアルどおりの動きしかできず、マニュアルから外《はず》れた顧客対応ができない。つまり「応用問題」ができない人が、それに当たるようです。

一般に営業マン一人の受注目標としては、２カ月に１棟の契約を基本ベースで考えているハウスメーカーが多いのです。営業マンの顧客発生ルートは、引き渡し客からの紹介、友人知人からの紹介、モデルハウス来場者、ネットやDMなどからの資料請求、関連協力業者からの紹介が主なものと言えます。紹介ルートの中で、ハウスメーカーは引き渡し客からの紹介率が意外にもとても低いものですが、これは引き渡し時、あるいは引き渡し後のクレーム率が高い裏返しと言えます。優秀な営業マンは紹介ルートからの顧客発生が比較的多く、彼らに言わせれば「おいしいお客さん」の割合が高いのです。

一方、売れない営業マンは紹介ルートからの顧客発生がひじょうに少ないので、モデルハウス営業が主体となります。モデルハウス営業の場合、営業マンは、平日は来場者が少ないので土日祭日にモデルハウスに詰めて来場者の対応をし、彼らにとっての第一フィルターであるアンケートに記名をしてくれた顧客を有望見込み客として自分の顧客リストに加えることになります。その際には顧客先を訪問する口実として、カタログなど最低限のものを与えておき、土日祭日で集客した顧客をその週の早いうちに訪問をかけます。

顧客先訪問は夜訪《やほう》と称した夜間訪問が多くなります。これは顧客夫婦二人と話をしておきたいがためで、ご主人が帰宅後の時間をターゲットにしたいからです。夜訪は20：00頃に訪問して、遅い場合は23：00過ぎになることも多く、営業マンが自宅に帰るのは翌日になることも少なくありません。

この夜訪の結果、プランをお願いしたいとの依頼があれば社内に持ち帰り、顧客の要望を取りまとめて設計セクションの担当者と打ち合わせをし、設計の社内業務依頼をしなければなりません。いわば営業にとって、ここからが契約に向けてのスタートとなるのです。それでは、これ以降の仕事のルーチンワークはどうなるのでしょうか？

初回設計提案の打ち合わせ訪問↓顧客より間取りの変更依頼↓変更設計の社内業務依頼↓変更案の打ち合わせ訪問↓設計案の同意のもと、見積もり依頼↓見積もりのベースとなる資料作成↓見積もり完成後、訪問し資金の打ち合わせ↓詳細な資金計画書と資料の作成↓契約前のクロージングのための訪問↓契約書の作成↓契約

これが契約までのルーチンですが、顧客によっては間取りを何度も変更したり、仕様を変更して見積もりを何度も提出しなければならないので、このルーチンが数回に及ぶことは珍しくありません。しかもこのルーチンを、決算期が近づくとひと月で回転させることになるわけですから人間わざではありません。

一方、既契約客の住宅工事着工に向けての業務も同時に進行しているわけで、こちらの業務も契約前の業務に引けを取らないほどの時間がかかります。

これらの業務を毎月繰り返しているうちに彼らは疲れ切ってしまい、単純なミスが起こりやすい状況が発生します。

また、時間に追われている営業マンほど、新しい試みをしたり、住宅業界以外の社会とのかかわりを持つ時間を奪われてしまうでしょう。これでは本当に中長期的に顧客のためを思う仕事もできずに終わってしまいます。数千万円という高額の住宅を扱うには、専門以外の知識や見識を吸収していく必要もあるはずですが、社員をそのような環境に置かせていないようでは、住宅産業という基幹産業の経営者としてはいかがなものかと考えるのは私だけでしょうか。

ラフプランは文字どおりラフである

ハウスメーカーの営業マンとコンタクトを取ると、メーカーの家づくり、商品の説明、家ができるまでのフローなどについて一通りの説明を受けることになります。その後、営業マンからは建築地の情報を教えてほしいとアプローチされ、情報を与えるとどんな家を希望しているか、間取りや外観のヒヤリングをされます。

施主の希望を詳細に伝えると、「それではさっそくラフプランをお作りしましょう」ということになります。このとき注意することは、本書の冒頭に説明した、自分たちがなぜ家を建てるかという動機をしっかりと伝えることです。そのうえで間取りの希望やこだわりの部分を遠慮なく伝えたほうが良いでしょう。

すると、営業マンは「ラフプランを作成するうえで、お客様のご予算をお聞かせいただけないでしょうか？」と尋ねてきます。このときは、自分たちが考えている予算総額の8割程度の金額で伝えたほうがいいでしょう。なぜなら、いずれ出てくる見積もりを見て自分たちの考えている外装・内装材やシステムキッチンなどの設備機器が気に入らないときに、予算を上げる余裕を手元に持っておく必要があるからです。

さて、プランの依頼をすると、おおよそ1週間から10日ほどで第一案をプレゼンテーションしてきます。ハウスメーカーによってプレゼンテーション図面は異なります。鉄骨系のメーカーはCAD《キャド》で出力した図面が多く、木造系で特に自由設計を強調しているメーカーは、手書きの図面が多いようです。

最初に提出された図面は、あくまでもタタキ台のラフプランといった意味合いが強く、営業マンにしてみればこのプレゼンテーションで、顧客の間取りに対する希望をよりくわしく情報収集する意味合いがあります。そのせいかもしれませんが、このラフプランは文字どおりラフに設計されていることが多く、設計ミスも多いようです。顧客側は提出された設計図を見て、部屋の大きさや位置、窓の大きさや外観のデザインが自分たちの希望どおりかを検討しますが、相手はプロの設計者なので設計ミスなどはないだろうという気持ちでいるはずです。

1軒の専用住宅といえども建築基準法の制限や、建築地の役所の行政指導などがあり、これらの法的規制をすべて満たしていることが必要です。しかし、このラフプランの段階で設計者はそこまで細かくチェックしていないことが多いのです。仮に第一案の設計が自分たちの希望どおりの間取りと外観であった場合、次のステップに進んでいき、内外装材や設備機器等の細かな仕様の打ち合わせを重ね、これで「よし!」となったら見積もりが提出されます。

そして見積もりの合意ができ、やがて契約になり、詳細な設計に進んでいって建築確認申請の提出となります。建築確認申請が提出された段階で、行政のほうから「この設計案では建築基準法と条例に抵触するので確認申請が下ろせません」となることがよくあります。この段階で、はじめてラフプランがラフであったことに気がつくことになってしまうのです。

このとき営業マンは「役所の指導でどうしても変更せざるをえません」などと言い訳して

平気で設計変更をしようとしますが、これはとんでもない間違いです。ラフプランの段階で基準法や条例などの精査をしておらず、場合によっては役所に出向いて事前協議をしておかなければいけないのに、契約を急ぐあまりこの手順を省いた結果のことなのです。

このことを防ぐには、ラフプランが提出された段階で基準法や条例などに合致しているかどうか顧客側で営業マンに念を押して、打ち合わせ記録に残しておくなどの自己防衛をしておかなければなりません。本末転倒の話ですが、現実にはこのようなトラブルは多いので注意が必要です。

敷地調査・地盤調査って必要なの？

そうしたトラブルのないように、ラフプランが提出されていざ見積もりをお願いする前に、敷地調査と地盤調査をしておく必要があります。

良心的なメーカーだと、ラフプランを依頼する前でも、「建築をする際には、建築基準法などの法的な規制により、お客様の希望される間取りが敷地に適合しないこともあります。また地盤の状況によっては基礎の補強費用が発生する場合もあり、お客様の資金計画が変わってしまう恐れもあります。そのようなことがないよう、はじめに敷地調査といって現状の測量をさせていただき、また役所などで法的規制などを調査させていただきたいと思いますがいかがでしょうか？」と言って、敷地調査を提示してくる場合もあります。

メーカーにとっても、他社に先駆けて敷地調査をすることによって、営業戦略上優位に立とうとする意味合いがあるのです。敷地調査は原則有料となりますが、競合などしている場合は無料敷地調査を実施してくれることも多いようです。

有料と無料ではその調査内容は変わるのかというと……まったく変わりません。事前の調査は提携先の測量会社や地盤調査会社に実施をさせていますが、無料であってもハウスメーカーの営業経費には組み込まれており、顧客からは実費の入金がなくても提携先には報酬を支払って実施しているのです。

実はこの提携先ですが、関東地区では数社の調査会社があって、複数のハウスメーカーから提携を受けている調査会社もあり、調査会社から他社競合メーカーがどこなのかハウスメーカーに情報提供されることがあります。

おかしな話ですが、たとえば3社のハウスメーカーと競合させ、それぞれに敷地調査と地盤調査を依頼した場合、調査結果のうち特に地盤調査の結果が異なることがよくあります。

その場合は、その道のプロの方に相談しましょう。

地盤調査はくわしく説明すると長くなるので簡単にとどめますが、地盤の強さなどを調査する方法は、現在主流はスウェーデン式サウンディング法という調査を採用しており、全自動の調査機械で調査する場合と、人力で調査する場合とでは地盤の強さが異なって出ることがあります。

一方、敷地調査は、土地の形状とか法的制限、あるいはインフラの状況を調べます。その結果、建築地が接する道路が狭い（幅員４メートル未満）・道路や隣地と高低差がある・隣家が迫っているなど、結果によっては間取りを考える際に考慮しなければならなくなります。また、現在の水道メーターが13ミリである・汚水の排水が下水完備されていない・電柱が敷地からかなり遠いなどの条件によっては外部の設備費用が大きく異なることがあるので、あらかじめ調査をしておくことは重要なことなのです。

先ほども述べたとおり、事前に敷地調査をしないでラフプランを先行させ、そのラフプランを元に見積もりをして金額が確定した段階で契約をしてしまう乱暴な仕事の進め方をするケースもあります。このような仕事の進め方をするハウスメーカーは、「間取りの変更やコストアップ」が後で発覚し、その請求をしてくることがありますので、注意を要します。

いずれにしても、早い段階で敷地調査と地盤調査は実施したほうが良いということです。

無料設計サービスって大丈夫？

ハウスメーカーのホームページに「只今無料設計サービス中」とか、モデルハウスの前に同じような垂れ幕をよく見かけるでしょう。言葉は悪いですが、魚を呼び寄せるための撒《ま》き餌《え》のようなものです。

本来の設計行為は、それなりに経験を積んだ設計士が建築地に出向いてその土地のロケーション評価をして、施主の家づくりに対する諸条件をヒヤリングしてプランニングをするものです。つまり、それなりに時間と設計士の人件費がかかるのは当然なのです。

ハウスメーカーの社員が社内設計をする場合は、営業経費として考えるのでしょうが、この営業経費は実際には販売管理費に含まれ、最終的には契約をした顧客の請負金額に乗せられているわけです。また、外部の設計事務所に依頼をしているハウスメーカーの場合、多くは成功報酬の支払い方式を採用していることが多く、契約できなかった場合は外注先の設計事務所はただ働きとなることが多いようです。このように本当の意味での無料設計はありえないのです。

特に成功報酬で設計をする外注事務所の場合、依頼された案件が契約に結びつく可能性が低いと感じれば、設計行為そのものにかける時間も短くなってしまうでしょう。また社内設計の場合でも、担当者は自社の設計プラン集を眺めてアレンジするなりして、なんとか時間をかけずにすましてしまおうと考えるのは仕方ないことです。
つまり無料設計は、はじめに述べたとおり、客寄せパンダであるということを頭に入れておきましょう。

標準仕様という耳障りのよい言葉

間取りや外観も自分たちの希望どおりになったら、いよいよ見積もりをしてもらうことになります。一言で見積もりといっても、最低限必要な見積もりは次のとおりです。

・建築本体工事費
・付帯工事費（外部に必要な電気・給排水・ガス設備費）
・空調換気設備工事費
・外構工事費（駐車場・門塀・植栽等）
・基礎補強工事費（地盤が弱い場合のみ必要）
・造作家具工事費
・照明器具代

・カーテン代

おおよそ以上の項目が必要です。

さて見積もりの作業に入る段階で、内外装材・設備機器・サッシ・ドアなどの仕様を決めないと見積金額が確定できませんが、営業マンからたびたび出てくる言葉は「フローリングは当社の標準仕様で見積もっておきましょう」という、「標準仕様」というキーワードです。

この「標準」という言葉が、じつは曲者《くせもの》なのです。皆さんは標準と聞くとどんなイメージを抱くでしょうか。たとえば、松・竹・梅の竹？　上・中・下の中？　特上・上・並の上？

このようにさまざまなイメージを思い浮かべると思います。

皆さんが抱いている「標準」のランクと、営業マンの考えている「標準」のランクが一致していれば問題は起こりません。けれども皆さんが抱いている「標準」のほうがグレードが高かった場合はお互いに錯覚が起きてしまうことになります。契約した後に具体的な仕上げ材のサンプルを見たり触ったりしたとき、「これがそちらの考えている『標準』ですか？」ということになって、仕上げ材のグレードを上げることになります。当然コストも上がります。

よくある事例をいくつか挙げてみましょう。

床の仕上げ材にはフローリングとカーペットがありますが、フローリングのグレードには大きく分けて①無垢材②積層材で表面の板厚が５ミリ前後のもの③積層材で表面の厚さが１ミリ未満のもの④積層材で表面がミクロの単位のプリントものがあります。この４種類の中で、皆さんが標準と考えるのが②で、営業マンが提案した標準が③だったとしたら、実際のカットサンプルを見たときにがっかりされると思います。そしてどうしても②にしたいとリクエストすれば、コスト増となって跳ね返るのです。ちなみに20畳ほどの面積を②に変更すれば、そのコストアップ額は約25万円前後なるでしょう。

同じようにカーペットの場合、①ウール１００％の毛あし10ミリ②ウール１００％の毛あし６ミリ③アクリルの毛あし６ミリ④アクリルの毛あし４ミリの４種類のグレードに分かれます。フローリングと同じように、②と③のコストの違いはやはり同様の面積で15万円前後になります。またサッシでも、ガラスの種別・シャッターがつくかどうか・シャッターは手動なのか電動なのか……などなどのグレードの違いがあり、どれを標準と考えるのかによって違ってきます。

ことほどさように、家に使われる部材は仕上げ材もさることながら、設備機器さらには断熱材など、選択される材料は多岐にわたります。この多岐にわたる多くの材料に、ハウスメーカーは標準品というものを設定して販売価格を決めているのです。営業マンは商談対象の顧客を常時数件抱えており、そのすべてを契約に結びつけようとしていますから、おのずと1件あたりに割《さ》く時間を短縮しようとします。本来顧客への商品説明はじっくりと時間をかけなければなりませんが、なかなかそのようにはならないのです。

構造・断熱材・内外装材・ドア・サッシ・キッチンや浴室などの設備機器・電気設備や通信情報設備・空調換気設備……。これらをこと細かに説明するには、本当は数日に分けないと顧客には理解できないことが多いのですが、時間を省略するために「当社の標準仕様」という言葉で時間短縮を図ろうとしているのです。

ハウスメーカーはどうして紹介受注が少ないか

さて、先ほど「紹介受注」というお話をしました。かつての顧客が新たな客をメーカーに紹介してくれることによって新たな受注に結びつくケースをいいます。

ハウスメーカーの引き渡し顧客へのアンケート調査を見る機会がありましたが、契約時の満足度を100とすると、設計の段階で80、着工段階で60、竣工引き渡し段階ではなんと40と、半分以上の人が不満を感じています。さらにアフター対応に関しては満足している顧客がほとんどいないといった状況になっています。これでは知りあいに、そのメーカーを紹介をする気にはならないのは容易に想像できるでしょう。

なぜこのような結果になるのでしょうか？　その要因を考えてみましょう。

要因の一つはハウスメーカーの仕事の進め方にあります。契約までは営業マン一人で対応することになります。多くの顧客に「なぜこのハウスメーカーに決めたのですか？」と問いかけると、「営業のかたが誠実で一生懸命だったから」と答える人が多くいます。営業マンはハウスメーカーの正社員であり、それなりの社員教育を受け、受注せんがために一生懸命です。だから契約するまでの立場は、顧客が上で営業マンは下、ということになります。けれどいったん契約してしまうと、これが逆転しかねないのです。

また、営業マンは常に新しい契約を受注することを命じられていますから、契約すると一息ついた気持ちになってしまうのでしょう。契約後は設計担当者が担当し、設計が完了して着工すると工事担当者が担当することになります。その後引き渡しが完了するとカスタム担当と、担当者がコロコロと替わっていくのです。

つまり契約前から考えれば……、

営業担当→設計担当→工事担当→カスタム担当

と、最低でも4名の担当者が仕事を引き継いでいくのです。

顧客の満足度が仕事が進むたびに低くなっていくのは、このように担当者が代わるたびに引き継ぎが十分されていないため、食い違いが起きてくるからです。これが、顧客のストレスを増大させてしまうのです。

いつも私はハウスメーカーの仕事は「串のない団子」のようだと、説明しています。みたらし団子のように、串団子は串を手にして食するから手が汚れないですみます。しかし、串がなく団子が、皿の上に転がっていては手でつかんで食するしかなく、これでは手も汚れるし不愉快極まりないでしょう。ひどいときはいつの間《ま》にか、みたらし団子が餡《あん》の団子に代わっていたりして、手がつけられない。

営業担当者が引き渡しが完了するまで、すべての打ち合わせに同席していけば、このような情報伝達ミスによる食い違いはなくなるはずですが、ほとんどの大手ハウスメーカーはそのような組織にはしていないのが実情です。

言葉は悪いですが、「釣った魚には餌はやらない」という表現が正しいかもしれません。

キャンペーン値引きってホントにお得⁉

物を買うとき、値引き交渉をすることが楽しいという人が多いようです。バブルがはじけたときに「価格破壊」という言葉がはやりましたが、最近ではあまり聞かない言葉になってしまいました。

営業マンと話を進めていくうち見積もり提示の段階になると、かならず「設計とお見積もりにご納得いただければご契約をいただけないでしょうか」と迫ってきます。特にそれがハウスメーカーの決算期に当たると、その攻撃は相当なものになります。

このとき顧客側が、「契約するにはまだ詳細を吟味したいので今月は無理です」と言えば、次なる攻撃の手段は値引きの提示です。値引きの提示の仕方として「社員割引を適用いたします」「今月は○○キャンペーン中の値引きがあります」などと言ってきます。毎月○○キャンペーンをしていることが日常化しているということなのでしょう。決算月には「今月中にご契約いただければ決算値引きが適用でき、来月になってしまうとこの値引きはできなくなってしまいます」とも言ってきます。

値引きを要求したら部材を落としたり、手抜きをするのではないだろうか？　と思うかたがいるようですが、大手ハウスメーカーの場合はそのようなことはないからご心配はいりません。ただし中小のメーカーや工務店の場合はありえますので要注意です。

そもそも住宅の値引きとは何でしょうか？　ハウスメーカーの営業目標は、受注棟数・受注額・粗利《あらり》額の3本柱です。この3本柱のうち、今期は受注額と粗利額はすでに目標の到達見込みができているが、受注棟数にはあと数棟で到達できるなどといった期末の場合、通常の値引きを超える破格の値引きをして受注をすることがあるのです。このような状況にあったときは、たしかに決算値引きというものが存在するようです。利用に値する決算値引きは別として、○○キャンペーンは毎月継続されるので、そのことで契約を急がなければならないことはないと思います。

もうひとつよく聞くことがあります。A・B・C3社と競合していて、A社に決めたときB・C社にお断わりの電話を入れると、営業マンがその日のうちに訪問してきて、「私の上司が支店長に交渉をして支店長決裁の特別お値引きを取ってまいりましたので、なんとか当社にお決めいただけないでしょうか」と、しつこく迫ることが多いようです。だったら最初からその分値引きをしてくれればいいのに、というのが顧客の本音でしょう。

見積書の書式にもいろいろ

契約の基本となるのは、設計図とその図面に対応した見積書です。

見積書と一言で言っても、工事項目ごとに一式いくらという内訳のない書式を見積書として提示するハウスメーカーもありますが、本来は使われている材料の数量を拾い上げ、それに単価をかけ合わせて積算したものが見積書です。

内訳が明記されていないと、図面との照合もできないし、詳細な打ち合わせをするときに仕上げ材を変更した場合、元の材料がどのくらいの数量で単価がいくらなのかわからなければ、金額のアップ分の根拠もわからないことになります。ですから内訳のない見積もり一式は見積もりとは言えないのです。

見積書には、設計図に表記された内容の金額と、設計図には表記できない内容の金額が書かれています。設計図には表記できない内容とは、仮設工事費と現場経費が主なものです。

仮設工事費とは、工事中の電気・水道費用、仮設便所、現場の周囲の仮囲い、工事看板、職人などの車両のための駐車場賃借料、安全対策上のガードマン費用、工事中の仮設足場や養生ネットなどがあります。

この中でハウスメーカーによって異なるのが、駐車場賃借料とガードマン費用です。見積書に記載のない場合もありますが、それは見積書のどこかに隠して計上してあります。仮に駐車場賃借料を計上していない場合、コインパークなどに駐車させる方法もありますが、路上に工事車両が数台いつも駐車している現場は、近隣への配慮のないハウスメーカーと言えるでしょう。都内で考えれば、仮に工事車両の駐車場を5台で6カ月借りた場合の費用は、90万円前後になります。

またガードマン費用も大切です。道路が狭い場合、基礎工事のときや建て方工事の際にガードマンがいないことは考えられませんが、ガードマン費用を計上していないハウスメーカーは、近隣の安全対策を怠っていると言えるでしょう。せっかく家が完成して引っ越しのご挨拶に近隣を回ったとき「おたくの工事中は路上駐車が迷惑だったわ」とか「ミキサー車が来たとき子供たちが自転車で道路を通行できず困ったのよ」などと嫌味を言われるのは、施主なのです。

仮に駐車料金とガードマン費用で100万円だったとしましょう。建物の面積が35坪としたら、なんと100÷35＝2・85万円。坪単価にしてこれだけ単価が上がるのです。ですから坪単価が安いからと言っても、見積書の中身を吟味しないと安いのかどうかわからないと言えるのです。

もうひとつ、見積書の表紙には必ず小さい文字でこう注意書きが書かれていることがあります。

〈本見積書に記載なき費用はすべて別途費用となります〉

見積書に入っていないものは別途ですよということです。当たり前のようにも思いますが、これではハウスメーカーの見積もり担当者がうっかりミスで、見積もり忘れや見積もり落としをしたものまで「別途ですよ」ということになってしまいます。つまり、営業マンとの間では見積もりに含んでくださいと言った工事費が、見積もり落としのため計上されていないままの合計金額で契約し、契約後に見積もり落としが発覚したときに追加金額を請求されても仕方ないことになってしまいます。

見積もりのミスはけっこう多く見られます。これは営業マンが見積もり依頼をするときにうっかり忘れる場合の他、見積もりの実務はコンピューターでしているので、オペレーターが入力ミスをする場合などがあり、結果として出た見積書を入念にチェックする時間がないため、そのまま顧客に提出されてしまうのが常なのです。これを防ぐには、〈ただし、見積もり側のミスで見積もり計上されていなかった工事費は、追加金額として計上しない〉といったような覚書を提出させておくべきでしょう。見積書を本気で精査しようとすることは、丸一日かかるほどの作業内容なのです。

仮契約ってなんだ⁉

住宅営業の世界では、間取りや外観・建築費などの総額がおおよそ提示された後、月末近くになると契約を迫ってくるのが常です。顧客側からしてみれば、まだ十分に内容が煮詰まっていない段階で契約をするのは早すぎると思っていても、営業マンはおかまいなしに契約を迫ってきます。

そんなときに営業マンからよく出る言葉が仮契約という言葉です。特に競合をしている場合は、「すでに提出させていただいたご提案で何かご不安な点とか、ご納得いただけないことがなければ、今月中に仮契約をしていただいて、その後じっくりと時間をかけて詳細なお打ち合わせをさせていただければと思います」と迫ります。「仮契約とはいえ、契約には違いがないのではないですか？」と答えると、「あくまでも当社で建築をさせていただくご意思の確認の意味合いですから、万が一詳細なお打ち合わせの段階で、当社では先に進めることができないと思われたら解約していただいてもけっこうです」と、たたみかけてきます。

つまり競合している場合、なるべく早く競合他社との商談を止めさせたいがための営業トークなのです。

このような契約をする人は、ハウスメーカー社内では、誠に失礼な話ですが「とりあえず契約客」と呼ばれています。そもそも住宅の契約行為は売買契約ではなく建築請負契約ですから、仮契約などという行為は存在しないのです。では仮契約を了解したらどうなるかといえば、契約書には仮などという言葉は入っておらず、〈建築請負契約書〉なるものが登場するのです。

このような契約の仕方を迫ってくるのは、売れない営業マンであったり、クレームを多く抱えている営業マンが多いことを付け加えておきましょう。きちんとした、自分の営業に自信のある営業マンは、このような便法は使わないはずです。しかし仮契約という言葉は使わなくとも、ハウスメーカーには、詳細な打ち合わせはまず契約をしてからという傾向があります。そういった意味では、暗黙のうちに、仮契約的な意味で使っているのかもしれません。

妙な話ですが、着工までには2回の契約行為があると思ってください。

1回目はラフプランと概算予算を含んだ見積もりでの契約。その後、詳細な打ち合わせ確認をして、追加工事が出た段階で2回目の〈追加工事請負契約〉なるものを締結することになります。

このような契約形態だと、1回目の契約時から詳細な打ち合わせをした結果、予想を超える追加金額が出ることがあります。これは1回目の契約時に営業マンは追加予算を計上し、顧客に伝えておけば顧客側も資金計画をぎりぎりで進めることはないわけですから、納得はできるはずです。

しかし、契約を急ぐあまり追加予算の見込みを低く予想したり、場合によっては追加予算の話をしない営業マンもいるので、要注意です。私は以前からハウスメーカーに対して、建築請負契約の前段で、設計契約をして設計料を出来高で支払う方式をとり、十分な打ち合わせを完了させた段階で詳細な見積もりを提示し、請負契約をしたらどうかと提案していま す。けれど今のところ、この提案に同意いただく事例は極端に少ないのが実情です。

契約までに疲れてしまう施主たち

はじめてモデルハウスを訪問してから契約するまでは、そうとう長い道のりになります。家を建てようとするかたの多くは、数社のハウスメーカーを競合させるのが一般的です。いままで競合メーカーを一番多く検討したかたで12社という例があり、ご主人が技術畑の人でかなり細かい部分まで検討されていました。けれど、途中で疲れてしまい、一時中断されてしまいました。

ハウスメーカーの受注へ向けての一般的な流れは……、

営業マン初訪↓ラフプラン提出↓敷地調査・地盤調査報告↓ラフプランの変更

↓見積もり用の仕様確認↓見積もり提出↓見積もり金額の調整↓契約前打ち合わせ

↓契約

おおよその流れは以上のとおりで、順調に行って営業マン初訪～契約までで8回前後の打ち合わせ回数になるようです。打ち合わせは主に土日が多く、毎週土日が家づくりのための時間となり、契約までにはおおよそ2カ月は最低必要でしょう。営業マンとの打ち合わせ以外に、設備機器や内外装材の建材メーカーのショールームへ出向いたり、照明器具を見に行ったりと2カ月間、土日はつぶれてしまうようです。1社でこれだけですから、仮に3社を競合させようとすれば、この3倍の労力が必要になります。

打ち合わせ当初は夫婦ともに夢いっぱいの気持ちでスタートしますが、自分たちの間取りの希望が敷地条件によっては叶《かな》わなかったり、見積もりが出てみたらかなり予算オーバーだったり、平日ゆっくりご主人と家づくりについて話をしたくとも、ご主人は仕事で遅い帰宅でそれもままならず、マリッジブルーならぬハウジングブルーになってしまう奥様が多いようです。

ましてや2世帯住宅となると、親子世帯間の家づくりに対する考えが根本的に異なる場合も多くなります。家族の中で個人の我《が》が強い人弱い人によっても違いますし、嫁姑のはざまに入って「もうどうでもいいや」と思ってしまう男性軍もいることでしょう。最悪の場合、2世帯住宅建設をとりやめることになる事例も散見します。

このように家づくりは、そこに住む家族間の意見調整が大変で、この意見調整をいい加減なままにしておき、ただ単に新しい家ができたらいいね、といった考えでスタートすると、その先に待っているのは疲労困憊した家族という絵になってしまいます。

家づくりは一生の大仕事なのですから、一歩踏み出す前に家族の間で十分な時間を割《さ》いて、「どんな間取りがいいか」「どんな外観がいいか」「資金はどのくらいで借り入れはどうするのか」「新居に住んでからの生活はどうなるか」「どんな会社に依頼したらいいか」といった、最低限、家族内の意見調整をしておく必要があるのです。あせらずじっくり進めることです。

契約書での大切な確認事項

間取りや外観デザイン、キッチンなどの住宅設備機器や内外装など基本的な仕様が決まり、見積もりの金額にも合意できると、いよいよ契約となります。

契約時には次のような書類が用意されます。

①契約書
②契約約款
③設計図
④見積書
⑤保証基準書

ここでは①についてくわしく説明していきます。

①の契約書ですが、書式はきわめて簡単な一枚の書式が多いです。記載する項目は、工事名称・建築地・施主名（甲）・請負者名（乙）・請負金額・支払条件・予定工期などです。支払条件は一般的には、着工時までに30％、上棟時に40％、引き渡し時に30％ですが、住宅ローンを利用する場合はその借入条件によることとなります。

次に予定工期ですが、実はこの予定工期があいまいなケースが多いので注意を要します。

多くの契約書には着工日を確認申請許可日から○日後に着工し、○○日後に引き渡しと記載されていますが、実はここがポイントなのです。住宅を建築する場合は、着工前に設計図を役所（民間の確認審査機関でもよい）に提出し、確認通知を受けてからでないと着工できません。また敷地が接する道路が４メートル未満の場合には、確認申請の前に「狭隘道路申請」が必要となります。この事前申請や確認申請で、たとえば設計に不備があったり、申請書の記載に不備があったりすると、審査期間が長引いてしまいます。特に申請する案件が集中する時期は、審査する側も通常のときよりも時間がかかってしまうことがあります。

つまりハウスメーカーの設計上の不備や申請手続きに関しての怠慢が理由であっても、契約書に明記してある確認許可日の想定が狂うと着工日は遅れ、そのまま引き渡しも自動的に遅れてもよいことになってしまいます。もちろん施主側で確認申請を提出してから設計変更を要望した場合は、施主側に理由がありますが。

引き渡しをどうしても○月○日までにしなければならないといった事情がある場合は、引っ越しができなくなり大変なことになってしまいます。このような事態を避けるため、着工日は余裕を持って○月○日と、はっきりと日にちを定めておくことが大切と言えましょう。

契約約款で確認しなければならないこと

契約約款とは、契約書に記載されていない事柄について、契約当事者間で問題が生じたときにどのような対処の仕方をするかを、こと細かに記載した書類です。

たとえば生命保険や自動車ローンを契約するときには必ず約款がありますが、多くのかたはほとんど読まないでしょう。問題は起きないと思っているから、重要な内容とは思わない人が多いようです。

しかし住宅の契約は請負契約で、まだ何も形ができていないものを契約するわけですから、完成するまでにはいろいろな不都合が生じる可能性があります。ハウスメーカー側としては、そのような事態になったときのことを過去の経験値から、自分たちに不利にならないようにと、こと細かに取り決めをしています。契約当事者の双方権利義務は同等ですから、この約款に明記されていることは双方に不利になってはならないことが原則です。

しかし多くのハウスメーカーや工務店の約款を読む限り、施主に不利と思われる項目もありますので、難解な日本語で書いてありますが熟読することをお勧めします。そして疑問点があればはっきりと回答を求め、約款に記載されている内容を補足する必要があれば、別紙で覚書を提出させることが重要です。

過去に問題となった事例で圧倒的に多いのが、工事遅延損害金の項目です。

契約約款には必ず工事遅延金の条項があります。これは契約書に記載した引き渡しがハウスメーカー側の責任で遅延した場合に、ハウスメーカーは遅延金を支払うことを明記したものです。「請負金額からそれまでに完成している工事金額を差し引いた残りの金額に、1日につき1000分の2をかけ合わせた金額を支払うものとする」と記載されていたとします。たとえば請負金額2000万円で契約上の引き渡し日に90％の出来高だとすると、1日につき4000円にしかなりません。自分たちが工事中借りている仮住まいの家賃と比べたら、この遅延損害金では不足することになりかねません。このようなことがないよう、たとえば「遅延損害金は施主が被ったすべての損害」を負担するといった覚書を提出させておけばいいわけです。

工期は遅れるのが常ですから、これはとても大切な項目と言えます。

完成保証制度とは？

住宅の工事期間はおおよそ4カ月から長い現場では8カ月くらいかかります。この工事期間中にハウスメーカーや工務店が倒産したら大変なことになります。

契約する段階で、施主が相手の会社の経営状態を調べるのはなかなか困難なことです。

このような不安を解消する仕組みが完成保証制度です。これは契約当事者のハウスメーカーや工務店が工事途中で倒産した場合、その工務店に代わる工務店に工事を完成してもらうといった仕組みです。民間の保証会社に完成保証をしてもらうのですが、中小の工務店が保証会社に一定の保証金を支払う、いわば保険のようなものです。保証会社は参加する工務店の経営状況を調査し、一定の基準、たとえば前三期の決算内容が黒字であるといったような基準を設けています。

では、この完成保証制度に入っていればまったく問題ないかといえば、次のような問題があります。

まず工務店との支払いがどうなっているか、つまり工事の進捗状況に応じた支払いをしていれば問題はありませんが、仮に過払いをしている段階で倒産してしまったら、過払い分については保証の対象にならないことがあります。また、特殊な工法で施工している場合、その工法を熟知した工務店でないと工事を引き継ぐことができない、といったことがあります。

その他サッシ・ドア・内外装材・住宅設備機器など、倒産した会社で選択していたものが引き継ぐ工務店で手配できないといったことがあり、仕様の変更を余儀なくされる場合も多いと聞きます。さらに工事再開までには数カ月必要な事例も多くあり、残念ながら制度自体に欠陥があるとしか言えません。完成保証制度に参加しているから万全とは言えないということを知っておきましょう。

営業マンへのお断わり指南術

多くの施主は、数社のハウスメーカーを競合させて検討することになると思います。はじめはどの会社にするかまったくわからない状態で話を進めていくうちに、営業マンの人柄・設計提案の良否・見積もり金額などで3社くらいに絞り込み、最後は当然のことながら1社と契約をするわけですが、その他の2社の営業マンにはお断わりをしなければなりません。

このとき、多くのかたが「断わりにくい」と言います。とはいえはっきりと断わるしかないので、相手もしたたかな営業マンであれば簡単には引き下がりません。契約できない理由はさまざまです。たとえば金額で差がついているのか、設計提案が劣るのか、仕様に差があるのか……。その理由を尋ねられ、もう一度チャンスをくださいと懇願してくるでしょう。

そのようなときには、情にほだされ「では、もう一度お願いしましょうか」と思っても、はっきり断わることです。断わる理由として金額が合わないといえば、もう少し値引きを検討すると言うでしょうし、間取りが気に入らないと言えば、設計者を変更して設計提案をやり直すと言うでしょう。

こんなとき、相手の営業マンがどうしても立ち入れない理由を挙げて断わるといいでしょう。たとえば、資金を出してくれる親の意見を尊重して、と言えばさすがの営業マンも親のところにまで押しかけません。あるいは嫁の母親が易《えき》に凝《こ》っていてだめだと言われてしまったとか……。

つまりその場にいない人で、かつ影響力のある人を利用してお断わりの理由にすると、ほとんどの営業マンは諦めるようです。断わられてから値引きに向け最大限努力するということは、断わられる前に値引きについて最善の努力をしていなかったわけだし、設計提案に関しても断わられてからやり直すというのはおかしいと思いませんか？

第2章　設計段階ではどんなアクシデントが起こるのか？

設計ができないハウスメーカーの設計担当者

苦労に苦労を重ねてハウスメーカーと無事契約をすませると、次に待っているのが設計の詳細な打ち合わせとなります。

契約書に添付される設計図は一つだけではなく、案内図・配置図・各階平面図・立面図・仕上げ表などに分けられます。しかし、実は設計図はこれだけではすまず、工事をするうえで必要な図面が他にも数多くあります。契約段階で提出される設計図は全体の5分の1程度で、工事をするうえで必要な設計図は契約後に作成されることになっています。

1回目の設計打ち合わせのときに、はじめて設計担当者を紹介されます。このとき、設計を外部の設計事務所に委託しているハウスメーカーは、設計事務所の担当者と営業担当者のペアで打ち合わせを進めていくのが普通です。

では、ハウスメーカーの設計担当者は何をするのでしょうか？　彼らの仕事は、営業セクションからの依頼の手配が主なものです。たとえばラフプランの依頼が来れば、どの設計事務所に設計を依頼するかとか、敷地調査の依頼が来れば測量事務所への手配をするわけです。また、設計事務所から提出される設計図のチェック、あるいはクレーム対応などが主たる仕事といっていいでしょう。名刺には設計課とありますが、ほとんどの設計課員は自分で設計をしたことのない社員が多いことは案外知られていません。

一方、外注せずに社員自身が設計するハウスメーカーの場合もあります。その中でもおもに鉄骨系のメーカーは、もともと工業化認定を受けていますから設計ルールがはっきりしており、自由設計といえども、かなり制約の多い設計になってしまいます。

また最近の設計図はＣＡＤ《キャド》で作成することが普通です。ＣＡＤはオペレーターの女性に依頼しますから、アウトプットされた図面をもとに顧客と打ち合わせをするのが多くなるのは仕方ありません。

ここで問題となるのは、図面チェックの時間が充分にとれないことです。特に月末や決算期末は仕事量が増加し、アウトプットされる図面の量がかなりの数に上り、しかも営業から顧客に提出する、時間的に余裕のない業務依頼が集中します。すると、契約前の提出図面にくわえ、契約後の実施設計図も抱え、深夜までの残業は当たり前といった状態に陥《おちい》るのです。

これでは満足な図面のチェックができないのは当たり前で、結果として契約後にハウスメーカーは設計ミスの言い訳をすることになってしまいます。また、実施設計図の転記ミスや変更修正漏《も》れが日常茶飯事となり、そのまま着工してしまうといったことも起こってきます。現場で作りはじめて、はじめて設計ミスが発覚し、やり直し工事となってしまうわけです。

このことは、多くのハウスメーカーに共通していることで、仕事の平準化ができないためにこのような状況が作り出されているといえます。

一級建築士はスーパーマンではない

建築設計に携《たずさ》わる人は誰でも、建築士の資格を必要とするのは、いうまでもありません。建築士の資格は一種類ではなく、一級建築士・二級建築士・木造建築士などに分かれています。

一般の人は、たとえば名詞に一級建築士という肩書があると、建築のことなら何でも知っていてどんな建物でも設計できると錯覚してしまいますが、そんなことはありません。医療の世界で医師国家試験に合格した医師が、すべての治療ができるかといえばそんなことはないのと同じです。医者には内科・外科・産科・婦人科・眼科・耳鼻咽喉科・精神科……などの専門診療科目があります。弁護士の世界でも、商法・民法・刑事訴訟法などのたくさんの専門分野に分かれています。

建築の世界もしかりで、設計分野だけでも意匠・構造・設備・積算などの専門分野に分かれているのです。住宅設計の場合、多くの建築士は意匠分野の設計士です。構造・設備・積算に関する知識はほとんど持っていないといっても過言ではありません。ましてや「現場の施工のことはまったくわかりません」と言う人がほとんどなのです。

現在、一級建築士の年齢階層別の登録数は、20歳代は約3000人、30歳代は約4万7000人、40歳代は約6万6000人、50歳代は約10万1000人、60歳以上は約10万6000人、総登録数約32万3000人といわれています。このうち総合的な知識を持ち合わせている建築士は、一割もいないといえるでしょう。

医師が、国家試験に合格して翌日から診療できるかといったら、そんなことはけっしてありえません。同様に、建築士も数年、場合によっては10年以上の実務経験を経《へ》てはじめてプロとして通用するかどうか、というあたりが正直なところでしょう。

住宅の設計は一見簡単に思えますが、実はプロの世界では一番難しいカテゴリーと言われます。なぜならば、家族構成や、家族の間でもおのおの世界観がまったく同じということはありえないわけですし、家が建ち並ぶ周辺の環境も一つ一つ異なります。住宅には24時間住む人の命が宿り、そこで朝起きて歯を磨いて食事をしてトイレで用をたします。昼は主婦が洗濯物を干し、掃除をし、夕食の準備に取り掛かる。夜は帰宅した家族を迎え入れ、夕食を取り、団らんのひとときを迎え、お風呂に入り、セックスをする日もあるでしょう。そして、明日のためにやすらかな安眠の時間を寝室で得て一日を終えるわけです。

また、季節によっては、家族ごとにいろんなイベントがあり、来客を迎えることもあり、出産という時期もあり……と、住宅とは、さまざまな家庭模様が長い年月を重ねて出来上がる、同じものの二つとない空間なのです。家を建てようとする家族と向き合って、とことん設計にのめり込むには、そうとうな人生経験と設計経験がないとできないものです。一級建築士というだけで、設計がすべてできてしまうという錯覚に陥らないことが大切なのです。

持ち込み家具の入らない家

設計打ち合わせが進んでいく段階では、じつにさまざまなことを次から次へと決めていかないとなりません。

ドアの開く方向一つとっても、右がいいか左がいいかと考えたり、それとも引き戸のほうがいいだろうかと悩むことでしょう。

そんななかで、新しい家に持ち込む家具や、新しく購入する家具・家電製品の設置場所も設計段階で決めておかないといけません。婚礼家具のタンスや思い出深い机など、どの部屋のどこに置こうかといったことは、設計士のアドバイスを受けながら設計段階で決めておけば、「ここには大きくて置けない！」と後になって後悔することはありません。

持ち込む家具や新規購入の家具・家電などの大きさを記入したリストを作り、設計士に渡して家具の設置位置を決めることになりますが、ここで設計士のスキルが問題になります。たとえば幅が１８００ミリと１５００ミリのタンスを横並びにクロゼットに並べたいと伝えたとき、壁と壁の間の有効寸法を設計士が計算して、入るかどうかのチェックが必要となります。

２竿《さお》横並びにするには１８００＋１５００＝３３００ミリの有効寸法が最低でも必要なことは当たり前の話ですが、仮に設計士が「３３０２ミリなので問題なく並びます」と答えたら要注意です。これではたった2ミリの余裕しかありません。この設計士は現場のことを知らないと言えるでしょう。設計図上では壁の厚さを差し引いて３３０２ミリという計算結果になったとしても、現場では必ずしも３３０２ミリにならないことが多いのです。精密機械のように建築の現場の精度はそこまでよくありません。ですから最低でも10ミリ以上の余裕を考える必要があります。

もうひとつ、よくある話があります。婚礼家具の3点のタンス類を、2階の納戸に収納することで設計も完了し、工事も順調に進み、いよいよ引っ越しのときになって引っ越し業者に「洋服ダンスが搬入できません」と言われてしまったということです。

このタンスは上下に分割できず、そのままの形で搬入するしかない家具で、階段の踊り場でも回り切らないということで、寝室の前のバルコニーに吊り上げて、バルコニーの掃き出しサッシを外《はず》し、なんとか寝室までは搬入することができました。けれど、寝室から廊下を経由して目的地の納戸に運びこむとき、廊下が直角に曲がっているところでついに動きが取れなくなったということです。結局、納戸には置けないので、やむなく寝室に置くことになったそうです。

設計段階では納戸に入りますと言った設計士が、納戸に収まるかどうかのチェックだけしかせず、家具の搬入ルートをチェックしなかった初歩的なミスと言えるでしょう。平面図上の寸法チェックだけで収まると考えた設計士は、タンスをクレーンで真上から吊りさげるとでも考えたのでしょうか。

この場合は、バルコニーの窓からタンスそのものは部屋の中に入ったからまだいいほうですが、2階にバルコニーのない縦長の窓を多用しているような場合、窓からは大きな家具や家電製品は入らないので、設計段階で家具の搬入ルートを検討させておくことが大事なのです。

こんな笑い話もあります。私の友人の画家が自分のアトリエで大作を完成させたときのことです。本人から興奮気味に電話がかかってきて「ぜひ見に来てくれ」と誘われたので、さっそく見に行きました。彼の家の中で、黒と赤が基調色となった抽象画がものすごい迫力で迫ってくるのを感じました。しばらくして私が、この絵はどこに出展するのか尋ねたら、さる公共建築のホールの壁面に飾るとのこと。

そして「ところでこの絵はどうやって家の外に出すのか」と尋ねたところ、彼は「えっ！」と言ったまま絶句してしまいました。作品が大きすぎてどこからも家の外に出せないという、嘘のようなホントの話です。結局彼は、壁の一部を壊して作品を家から外に出す羽目になったそうです。

立面図のトリック

実施設計が始まると、いろいろな設計図が提出されます。

設計図は大きく分けると、意匠図・構造図・設備図・その他詳細図となります。このうちの意匠図以外は施主には提出しないというハウスメーカーがほとんどのようです。

その理由は、施主が見てもどうせわからないということのようですが、なかには「社外秘」だという理由で提出しないメーカーもあります。しかし、第三者の検査員が請求すればすぐさま提出してくれます。

意匠図には、平面図・立面図・仕上げ表・配置図・展開図・矩計図（「かなばかりず」と言います）といった種類の図面がありますが、展開図・矩計図を提出しない困ったメーカーもあるようです。

図面には必ず優先順位付けがあります。これは図面相互の食い違いがあった場合にどの図面を優先するかということで、通常は平面図が最優先されます。

平面図は各階を真上から見た図面で、間取り・サッシの種別と大きさ・窓のガラスの種別・ドアの大きさと開く方向・設備機器（便器、洗面台、キッチン、浴室など）の位置と配列・換気扇の位置・給湯器の位置・空調機の位置・階段の段数・トップライトの位置などなど、大量の情報が盛りこまれています。これらの情報はハウスメーカーの都合で、記号だらけとなっていることが多々あります。そういった部分はそのつど確認して質問することが大事です。

次に施主の皆さんが興味を持つのが、立面図です。立面図は、東西南北四方向から見た外部のデザインを図面化したものです。立面図は無限大の距離から見た図面であり、実際には立面図のように見えるアングルはありません。

実際に見えない姿をなぜ表現するのかといえば、これは図面作成上や、現場施工上、このように無限大の距離から書く手法を取っているからです。立面図で「かっこいい！」と思っても、実際に建ててみたらイメージと全然違ったということをよく聞きます。

ではどうしたらいいのでしょうか？　立面図はあくまで設計図を作成する一つの手段にすぎないので、実際に見えるアングルからの透視図（パース）を提出してもらうことです。

ほとんどのハウスメーカーはＣＡＤで図面を作成していますから、コンピューターソフトにはパースを自動的に作成する機能があります。ただしこのパースも、アングルの取り方によっては全然見え方が変わってしまいます。たとえば道路の幅が4メートルで、敷地が道路から2メートルくらい高い敷地に建つ建物は、かなり見上げるアングルになって仕上がってきます。

ＣＡＤソフトによっては、かなり遠いところから見たパースが提出されます。また、敷地の周囲に塀や樹木があれば、パースの雰囲気はかなり変わってしまいます。

パースが提出されたときには、おおよそ目の高さが地面からどのくらいで、どのくらいの距離から建物を見ているかを確認しておく必要があるわけです。屋根の形状や材料・色にこだわったのに、屋根は全然見えずバルコニーだけがやたら目立ってしまってはガッカリです。そうならないために、設計図の段階でパースなどの図面を見るときに十分注意する必要があるのです。

デザイナーズハウスはかっこいいだけなのか？

よく「デザイナーズハウス」という言葉を耳にします。そもそもデザイナーズハウスって何なのでしょうか？

いつごろからデザイナーズハウスという言葉が使われだしたかは定かではありませんが、建売事業者が他との差別化のために作りだした言葉と記憶しています。

この言葉が生み出される前の建売業界は、３ＬＤＫとか４ＬＤＫといった謳《うた》い方を売りものにして、とにかく容積率目いっぱいに建物を造ることに専念し、どちらかといえば部屋数重視でした。外観やインテリアには特色を持たせなくても、建てれば売れるという時代が続いていたのです。

設計士に対して、デザインに凝《こ》るよりも早く図面を完成させることを求め、確認申請を早く取得して、早期着工を要求する事業者が多かったのです。

そんな中で、ちょっと変わった外観デザインやインテリアを提案する建築家とのコラボレーションをした事業者が現われました。特に若い世代に受けるにはデザインのいい建売住宅が必要になり、いままでとは違って建築家という「デザイナー」が設計した家であることを前面に出すようになってきました。多くの建売事業者がこれを模倣し、たいしたデザインでなくともデザイナーズハウスとして建売を造り始めたのです。

そのうち建築家のほうも建売事業者の仕事をする人が増加したのですが、やがて機能や現場の施工性のことよりも、とにかくデザインを優先する設計がまかり通るようになってしまったようです。

建築家と一言で言っても、そのモラルとスキルには大きな差があります。発注者側の建売事業者には建築のことを理解している技術者がいない業者も多く、施工中に問題が出るにちがいない設計や、入居後に問題が出そうな設計でも、そのままデザイナーズハウスとして造りはじめてしまいました。私も何件ものデザイナーズハウスの図面をチェックしましたが、問題がない設計のほうが圧倒的に少なかったというのが正直な感想です。

たとえば屋根の形状です。軒《のき》がまったくないデザインを多く見かけますが、日本には梅雨《つゆ》や台風という自然現象があり、軒がまったくないということは雨が入り込む危険性が急激に増すことになります。新築後数カ月で雨が漏ってしまったという調査依頼がけっこう多いのも事実です。昔の家はなぜ軒先が長かったのでしょうか。家の設計が自然に逆らうことのないように考えられ、冬の日差しは部屋の中に取り込み、夏の暑い日差しは部屋に入り込まないようにも考えられていたからです。

カタカナ肩書のアドバイザーの実力は?

設計打ち合わせが進んでいくと、いろいろなアドバイザーが登場してきます。

まず登場するのがインテリアコーディネーターです。インテリアに関する総合的なアドバイザーとして打ち合わせに参加します。インテリアコーディネーターという資格ができるまでは、設計士がその業務を兼ねていましたが、内装や家具、カーテン、照明器具などの分野の商品開発が進むにつれ、その商品知識が多様化し、インテリアコーディネーターという新しい資格ができたわけです。

やがて多くのハウスメーカーは、建築本体のハードな部分は設計士が担当し、インテリアなどのソフトな部分はインテリアコーディネーターに担当させるようになってきました。

インテリアコーディネーターは最低限の建築知識を持ち合わせていますが、なかには設計図を読めない人も少なくありません。またどちらかといえば、内装材や家具・カーテン・照明器具のプランプレゼンテーションをして、顧客に採用してもらった結果、その物販で報酬を得ているケースも多くあります。

設計士にも「松竹梅」があるように、インテリアコーディネーターもご多分にもれず「松竹梅」の程度の差が大きいといえます。この分野は、個人の好みの差が激しいソフト面のアドバイスをするわけで、インテリアの選択肢は広範囲にわたるにもかかわらず、コーディネーターたちの報酬はそれほど高いとは言えず、マンネリ化した提案も多く見かけます。また、見た目の雰囲気づくりに走りすぎる傾向もあり、照明器具などは提案どおりに選んだ結果、照度が不足し、スタンドを追加しないと暗くて仕方ないといったクレームもよく耳にします。

システムキッチンなどは、インテリアコーディネーター自身が設計するわけではなく、システムキッチンメーカーに設計をさせ、その図面をもとにカウンターの色や扉の色の提案をしてコーディネートをしているのが大半です。ハウスメーカーの標準的なキッチンや洗面化粧台を採用する場合は、色のコーディネートだけですから大きな問題は発生しませんが、特別にデザインをしたキッチン・洗面化粧台・造作家具などは、建築の図面との照合ができていないために、現場で寸法間違えのために収まらないといった事例にもよく出くわします。このような場合は、設計士とインテリアコーディネーターとの間で十分な打ち合わせをしてもらって、双方の設計上の食い違いがないかどうか確認をしてもらう必要があります。もっともこの確認作業はハウスメーカー側でリードして行なうのが当たり前なのですが、残念ながらその当たり前のことができていないので、顧客側で念には念を入れなければならないといえるでしょう。

次に登場してくるのが、エクステリアコーディネーターという肩書の人です。インテリアに対してのエクステリアなのですが、これは外構、つまり門・塀・駐車場・植栽などのアドバイザーです。多くは外構業者の社員が対応しているのが実情です。

ハウスメーカーの営業マンは、自分の会社で外構を無理に受注しなくてもいいと考える人も多くいて、あまり積極的な営業はしませんが、外構業者は注文を取りたいがために営業に熱が入るので、モラルとスキルのバラツキが激しい業界と言ってよいでしょう。ハウスメーカーの外構費用の金額が高いので、顧客自身が直接外構業者に提案をさせて施主工事で行なうことも多いのですが、本体工事との取り合いが複雑になる場合は間違いなくクレームが発生するので、ハウスメーカーに発注したほうがいいかと思います。この他、空調工事・床暖房工事・セキュリティー工事なども、下請けの業者が打ち合わせに参加します。

このように、設計打ち合わせの段階では、設計士・インテリアコーディネーター・エクステリアコーディネーター・空調業者・床暖房業者・セキュリティー業者などとの個別の打ち合わせが進んでいきますが、大きな問題はこれらの個別な打ち合わせを統括するコーディネーターがいないということなのです。

特にハウスメーカーが設定している標準仕様以外のリクエストをするとなると、さらに打ち合わせが増え、すべての情報の整理をするのは大変な作業となってしまいます。現状ではその役割分担をする人がいないといっても過言ではありません。面倒ですが、顧客自ら打ち合わせのつど、その内容を記録し、自己防衛をしておく必要があるのです。

地下室は最後の選択にしよう

土地の価格が高い都市部では、広い土地を取得するにはかなりの金額が必要となります。建売では狭い敷地に容積率限界まで目一杯建てるために、建築基準法の容積率緩和規定を利用して地下室を設ける物件が多いようです。

容積率緩和規定では、建築基準法で認められる地下室の定義に合致した場合には、地下室は容積率の3分の1までは容積率に算入しなくてよい、と定めています。具体的には容積率100%の地域で、21坪の土地であれば、地上部分だけでは21坪までしか建てられませんが、地下室は7坪までは容積率に算入しなくてよいということですから、地下室を含めて合計28坪まで建てられるということになるわけです。このようなことから、都心部の建売では多くが地下室付きの物件として売り出されます。

ところが、このような地下室付きの建売を検査してみると、地下室の抱える諸問題、たとえば防水・防湿について、無頓着な設計と現場施工がほとんどなのです。

地下室は設計上も施工上もかなり神経を使わなければなりませんが、設計段階での図面を見ても防水・防湿の仕様を明確に指示している図面は少なく、ほとんどが現場任せと言ってもいいようです。また、地下室の施工費用は、現場の状況や道路・お隣りの建物との距離などによって、大きく変わります。

では建売ではなく、注文住宅での地下室はどうでしょうか。多くのハウスメーカーは、地下室の施工を専門の工務店に丸投げしています。一部のハウスメーカーでは独自にプレキャストコンクリートによる地下室を商品化していますが、これも道路や敷地条件によって採用されないケースのほうが多く、現場で鉄筋を組み上げて、現場打ちコンクリートでの地下室が多いと言えます。

地下室を施工するうえで、まず問題となるのが地下水位の高さです。地下水位が高い場合、土を掘削した際に水がたまってしまうと施工できませんから、水中ポンプで汲みあげてしまうといった安易な施工方法があります。このやり方ですと近隣の地盤沈下を招く恐れがあり、とんでもないことになります。このようなときは、掘削した部分に地下水が浸入しないように山留め方法という手段をとらなければなりませんが、この施工費は一般の山留め費用とは比較にならないほどの高額になります。あらかじめ地下水位を計測せずに地下室の施工をしてしまうような会社だったら、やめたほうがいいでしょう。

次に防水ですが、一般的には外防水といって、地下室の外周部をすっぽりと防水層で覆《おお》ってしまう方法が多用されます。ところが防水自体をしない現場も見かけます。そうなると、かなりの確率で地下室内に地下水が浸入することとなるはずです。

コンクリートの打ち込みも大変難しく、地下室の外周部の壁の高さは通常3メートルを超えることになります。この高さまで一気にコンクリートを流し込むことはできませんから、かならずコンクリートの打ち継ぎ部分が発生します。特に夏の暑い時期のコンクリートの打ち込み作業は、この打ち継ぎ箇所の管理が大変重要となりますが、多くの現場できちんと管理をしているのを残念ながら見たことがありません。

某ハウスメーカーで地下室付きの住宅を発注した施主が、地下室のコンクリートが出来上がってから相談にみえました。素人でもおかしいと思うので一度現場を見てほしいとの依頼です。現場を検査したところ、壁には床から天井までヒビ割れが発生し、梁《はり》の下端にもヒビ割れが発生していました。ハウスメーカーの工事責任者は、構造的には問題ないとの説明をしていたようですが、構造上起きてはいけない箇所に実際にヒビ割れが発生し、しかもその数が異常に多いのです。実際にコンクリートを流し込んだ際の生コンクリートの納品伝票を見てみると、ミキサー車の手配が悪く、ミキサー車がプラント（生コンの工場）を出発してからかなりの時間が経過していたことがわかりました。

コンクリート打ちこみの際の技術的な常識を逸脱した施工ですから、すべて解体してやり直しをさせましたが、施主側にとってみれば工期が大幅に遅れることになり、ハウスメーカーにとっても数千万円の、本来必要ではない無駄なお金がかかってしまったのです（くわしくは第7章をお読みください）。やるべきことをきちんとしていれば、このような無駄な時間とお金は必要ないのに何とも残念です。

地下室はできれば造らないですむように考えていただきたいと思います。けれど、諸般の事情でどうしても地下室を希望する場合もあるでしょう。そのようなときは、設計と現場施工方法には十分に時間をかけて調査し、建築費は内外装材や設備機器の仕様をダウンさせてでも地下室の建築費用に余裕を持たせることです。それが快適な地下室を手に入れるための条件とご理解いただきたいのです。

ルーフバルコニーは本当に必要か？

地下室と同様、都市部においては建蔽《けんぺい》率と容積率の関係から、庭の広さを確保できないことが多くあります。そこで設計者は、ルーフバルコニーを空中の庭として提案することがあります。

今までルーフバルコニーのある家に住んだ経験のないかたは、この提案をとても魅力的と感じることが多いようです。

しかし、日本の都市環境と気候風土を考えてみると、そのルーフバルコニーは必ずしもいいことばかりではありません。

いったい1年間で屋上を利用できる期間はどのくらいあるのでしょうか？　冬の間は寒風が吹き付ける屋上に長時間いることは考えられません。夏の間も暑い日差しが直接当たり、床は素足で歩けないほど熱せられています。梅雨時は毎日の雨でわざわざ屋上には行かないでしょう。

こう考えると、ルーフバルコニーが本当に快適と思われる期間はとても短いのではないでしょうか。またルーフバルコニーでバーベキューをしようと思っても、周りの家がすぐそこに迫ってきており、プライバシーのこともあって余計な気を使わないとなりません。

防水にしても、屋上を利用するときにはコストが跳ね上がります。また断熱処理も、勾配屋根の下に空間がある場合とルーフバルコニーのように空間がない場合とでは、断熱効果に大きな差が出てきます。

以上、ルーフバルコニーの悪いことばかり並べましたが、よいことはないのでしょうか？これが、ないのです。

たとえば屋上緑化をして地球規模で環境に貢献するといった意識を持たれるかたは、ルーフバルコニーの代わりに屋上緑化をしたほうがよろしいと思います。ただし、緑化をした場合は定期的なメンテナンスをする必要があります。

ハウスメーカーは他社との差別化を図るためにいろいろ目先を変えた提案をしますが、ルーフバルコニーについても単なる差別化のための提案にすぎない場合が多いのです。実際に設計図どおりに現場で施工できるのか、完成後の施主のメンテナンスの責任を十分に考慮して提案しているのかは、疑問なのです。

鉄骨造は木造より強くて安心⁉

工法の選択で悩んだときに私のところにご相談にみえるかたの多くが、鉄骨のほうが木造より地震に強く火災にも強いという、一種の「すりこみ」をされていることに驚きます。工法の異なるハウスメーカーのモデルハウスを訪問した際に、鉄骨メーカーの営業マンの「木造は火事のときに燃えてしまいますし、木と鉄を比べれば鉄が強いということは明らかですよ！」という営業トークに惑わされてしまうからでしょう。

たしかにこのトークは嘘とは言えませんが、構造体である鉄や木がそのまま剥《む》き出しの住宅を見たことがあるでしょうか。国土交通省に特別に申請して認定を受けた工法以外ほとんどの工法は、構造体がそのまま剥き出しで造られることはないのです。

都市部に建つ住宅の場合、建築基準法の制限で、構造体である鉄や木は、外部側は不燃材で囲まれ、内部側は石膏ボードで覆われていなければなりません。都市計画法で定められた地域や住宅の規模によっても異なりますが、たとえばお隣りが火災になった場合、一定の時間内は構造体である鉄や木に熱が及ばないように、外装材に制限を設けているのです。

また、自分の家の中から火事を起こした場合でも、家は同様に石膏ボードで覆われているのです。つまり火災に関しては、家が木製か鉄製かということより、外装材や石膏ボードを正しく施工できているかどうかのほうが、重要なわけです。

また、地震に対する考え方も同じで、木と鉄との優劣はつけがたいものです。たしかに鉄と木では外力に対する強さは異なりますが、外力にもいろいろな種類があり、たとえば圧縮力・引っ張り力・曲げに対する抵抗・せん断力に対する抵抗など、住宅にはさまざまな外力が加わります。このような外力に対して、設計士は鉄・木・コンクリートなどの部材の特色を考慮して構造設計をしているのです。だから、部材そのものの特徴だけで優劣を決めるのはおかしな話で、むしろ間取りそのもののバランスや、現場で正しい施工を行なっているかどうかのほうが、はるかに重要なのです。まったく同じ設計図で同じ部材でできた家でも、施工の仕方によって地震に対する強さには大きな差が出ると言えるのです。

メンテナンスフリーの外装材

最近よく見かけるのが、「当社の外壁はメンテナンスフリーです」というコピーです。ハウスメーカーや外装材のメーカーのカタログに、「永久にメンテナンスが必要ありません」と謳《うた》われていることもあります。

こんな素晴らしい外装材だったらぜひ使ってみたい、と思うでしょう。デザイナーズハウスのメーカーで家を造ろうと検討しているかたが、相談に来たときのことです。そのメーカーでは「永久にメンテナンスが必要ありません」という外装材を使っていました。本人は設計者から「イニシャルコストは少し高めですが、メンテナンスが必要ないのでトータルで考えればけっして高いことにはなりませんよ」との説明を受けて、納得をしたそうです。ところが仕様書をよく見ると、外装材はたしかにそのとおりの品番になっていますが、サッシを見てびっくりしました。なんと木製サッシを使っていたのです。立面図を見れば、２階の吹き抜け部分には大きな木製サッシがあり、その場所はどうやって塗装をするのだろうかと首をひねるような高い位置なのです。

賢い読者のかたはこの矛盾に気がついたと思いますが、木製サッシは頻繁に塗装のメンテナンスが必要となります。外装材がメンテナンスフリーであっても、木製サッシの塗装のメンテナンスが必要であれば、メンテナンスフリーとは言えないのではないでしょうか。

住宅の外部にはいろいろな部材が使用されています。外壁材をはじめとして、屋根材・樋《とい》・換気扇のウェザーカバー・土台の水切り板金などの部材はさまざまです。サッシやバルコニーの手すりやウェザーカバーの周りは、コーキング材（目地《めじ》や隙間に充塡《じゅうてん》するのり状の材料）でシールされています。せっかく外壁材がメンテナンスフリーでも、たとえばコーキング材は使用されている種類にもよりますが、10年から20年の間には劣化してしまいます。このコーキング材が劣化してヒビが入り出すとそこから雨水が内部に侵入する恐れが出てきます。

家を長持ちさせるためには、新築後にこれらの使用部位別の材料や、設備機器などの定期的なメンテナンスはどうしても必要となり、長期修繕計画を作成してメンテナンス費用をあらかじめ計上しておく必要があるわけです。

しかし残念ながら、ハウスメーカーや工務店に、このような長期修繕計画を立ててくれる会社がほとんどないのが現状なのです。一つの部材だけがメンテナンスフリーだからといって、新築後に家全体のメンテナンスがいらないとの誤解をしないようにすることです。

健康住宅ブームで使われる材料

健康住宅という名称が使われだして久しくなります、健康住宅を謳うハウスメーカーのカタログを見て多く目にするのが、「珪藻土《けいそうど》」「自然塗料」「自然素材」などの言葉です。また、「シックハウス症候群」「アレルギー」「ハウスダスト」「結露」などの言葉も、よく目にします。はたしてこれら耳障りのいい材料を使いさえすれば、本当に健康になれるのでしょうか？

ここでは「アレルギー」「珪藻土」について、少し解説をしておきましょう。「アレルギーを起こさない自然素材での家づくり」といったキャッチコピーをそこかしこで見かけますが、これでは自然素材であればアレルギーを起こさない、という錯覚に陥《おちい》ってしまいます。

アレルギーを起こす原因はさまざまで、食物・金属・化学物質以外にも地球上にあらかじめ存在する自然植物が原因となることもあります。スギ花粉やブタクサのアレルギーはその代表的なもので、毎年シーズンが来ると、マスクをしている人を多く見かけます。

住宅に使われる仕上げ材では、ヒノキでアレルギー反応を起こす人がいます。まずは、家族全員のアレルゲン（アレルギーを引きおこす物質）を病院で調べることが先決でしょう。そのうえでアレルゲンのない住宅づくりをすることが大事だと思います。

自然素材の代表格である珪藻土は、藻《も》の一種である珪藻の殻の化石からなる堆積物を微粉末にしたものに、つなぎとして硬化剤を混ぜこんでいます。硬化剤も石灰などの自然素材を使用したものと、合成樹脂を使用したものとがあります。価格は自然素材のほうが高く、塗る技術に関しても自然素材のほうが難しいです。また、硬化剤と珪藻土の配合に注意しないと過乾燥になるようです。

最近はＤＩＹ（日曜大工）で珪藻土を塗るかたが増えていますが、乾燥後には表面がかなり硬くなり、特に壁の角部分をうまく処理しないと、素肌をこすったときに擦《す》り傷ができることがあるので注意が必要です。また、木造系の工法の場合、経年変化により木が痩《や》せますので、下地のボードの合わせ目や壁と天井の境目などに、どうしてもヒビが入りやすい材料であることを認識しておく必要があります。

施主支給や施主工事で問題はないか？

施主支給と施主工事という言葉がありますが、この二つには大きな違いがあります。施主支給とは、照明器具・エアコン・キッチンなどの部材だけを施主がハウスメーカーや工務店に支給し、取り付け工事はハウスメーカーや工務店にお願いすることです。施主工事とは、取り付け工事までも施主側で行なうというものです。

いずれにしても、多くのハウスメーカーや工務店は、この施主支給や施主工事は歓迎しないでしょう。

施主側にしてみれば、ハウスメーカーの見積もりを見て照明器具代が高かったり、エアコンの費用が高かったりしたときなど、自分で知り合いから購入したほうがはるかに安い場合があります。そのようなときに施主支給を希望するのは当然です。しかしハウスメーカーや工務店の指示する日に現場に納入できるかどうかが施主支給の問題点で、できないとすぐさま工期に影響します。また、洗面台やシステムキッチンなど設備配管や電気配線のからみがある場合、事前に十分な打ち合わせをしておく必要があります。

最近はインターネットでいろいろな建材や住宅設備機器が購入できますが、なかには安かろう悪かろうというものも多く、いざ現場に納品されたら化粧台の鏡に傷があったり、キッチンの扉が歪《ゆが》んでいたりといったことが多くあります、このようなことを施主自ら現場で確認をしないと、納品されたものにもともと不具合があったのか、現場で据え付け時に不具合が起きたかがわからず、ハウスメーカーや工務店ともめることが多いようです。

施主工事については、さらに問題は多くなります。施主工事部分の職人のモラルとスキルが低いと、ハウスメーカーや工務店の職人と現場でもめることがあったり、段取りが悪い職人だと本体工事の工期の遅れの原因となってしまいます。

過去の現場のトラブル事例を見れば、特に施主工事に関しては問題が起きることが多く、設計段階で施主工事部分の業者にも打ち合わせに参加させて、事前の打ち合わせを十分に行なわないと、結果として施主にすべて火の粉がかかることが多いのです。なるべくなら本体工事とあまり関連のない、責任の範囲が明確になりやすいものだけにしたほうがいいでしょう。たとえば、施主支給なら照明器具・エアコンぐらいまで、施主工事なら外構工事といった範囲内ならトラブルになることが少ないようです。

住宅性能評価って?

くわしくは国土交通省のホームページを見ていただければわかると思いますが、今から11年ほど前、建設省の時代に「住宅の品質確保の促進等に関する法律」が制定され、その中で住宅の性能についての評価基準が設けられました。ちょうどそのころ、欠陥住宅が社会問題化していたことと、中古住宅付きの土地の売買の際に建物の価値をゼロと評価する不動産業界の慣例を打ち破ることを目的として、評価基準を制定したのです。これにより、欠陥住宅の問題については、ある程度の歯止めの効果は期待できたようです。

この法律以後、建物が完成したら役所の完了検査を受けなければならなくなりました。その前の状況は、完了検査の実施率は大手ハウスメーカーでも50%前後で、ましてや建売や中小工務店の実施率はゼロに等しかったのです。その結果、極端な事例では、建築確認申請で提出した図面と一致しない建物ができてしまうことも多く、それが通ってしまったということも少なくありませんでした。

ですが、この法律によって性能評価申請をすれば、少なくとも中間検査と完了検査を実施しなければならず、建築確認申請と完成建物が一致しないということはありえなくなったのです。しかし、性能評価の検査は民間検査機関の検査員が検査を実施しますが、検査員によっては評価申請の内容を型どおりの検査だけで終えてしまうことも多々ありますので注意が必要です。

大手ハウスメーカーでは、性能表示を自社で実施しているメーカーもあり、カタログなどでその公開をしています。このような場合には、あえて別途評価申請をする必要はないと思います。中小の工務店や建売住宅の場合は自社で性能表示を実施している会社はほとんどないので、性能評価申請をする必要性が高くなります。

もう一つの目的である、中古住宅付きの土地売買の際における建物の価値が、この性能評価によって変化があるかどうかですが、法律が施行されてから時間がそれほど経過もしておらず、実際の取引事例が少ないので、効果のほどがまだわからないのが実情と言えるでしょう。

ホームインスペクターの仕事の中身

ホームインスペクターとは、「施主から依頼を受け、設計事務所やハウスメーカー・工務店の業務を施主に代わって検査、監督する中立の第三者」のことで、日本ではまだなじみが少ないと思います。私が15年前にアメリカに視察に行ったとき、はじめてホームインスペクターという職分がアメリカにあることを知りました。

当時設計事務所を主宰していた私は、なぜこのような職分が日本にないのか不思議で仕方がありませんでした。そのころから日本のマスコミでは欠陥住宅を社会問題として取り上げており、あたかも住宅の作り手がすべて手抜きをしているかのような印象を与えていましたが、どうしたら欠陥住宅がなくなるのかといった解決策の提案まで踏み込むことはありませんでした。

そこで、長いこと住宅業界で仕事をしてきて業界の裏表を見てきた私は、正しい住宅情報を発信すべく２００１年にそれまでのしがらみを清算し、ホームインスペクターと名乗って仕事をスタートさせました。発足当初はほとんど仕事の依頼もありませんでしたが、２００３年ころから依頼が増え、現在までに３００件ほどのインスペクション（検査）を手掛けてきました。まったくのフリーハンドで、ハウスメーカーなどの仕事で悪い部分は妥協せず改善させ、正しくきちんとした仕事は評価をすることを信条に仕事をしております。

第3章　こんなにある現場の常識、非常識

地鎮祭や上棟式の実際

いよいよ着工となると施主の最初のイベントが地鎮祭《じちんさい》になりますが、最近では地鎮祭を行なわないかたのほうが多いようです。地鎮祭は神主に現場でお祓《はら》いをしてもらうのですが、通常は30分ほどですむ儀式です。ハウスメーカーは地鎮祭を義務付けているわけではなく、あくまでも施主の意向に従います。

地鎮祭を行なう場合、今はお供《そな》え物を神主のほうで用意することが多く、施主は神主へ「初穂料《はつほ》」という名目のお礼を差し上げることになります。神社によってこの「初穂料」の金額は異なりますが、5万円前後といったところでしょうか。

式次第について神主の方から細かく説明があり、施主は鍬《くわ》入れ式をします。式場に盛られた砂山に向かって、神主から鍬を預かり「えい！　えい！　えい！」と3回鍬を入れます。そのあと施工側の担当者が鋤《すき》をもって同じように鋤を入れます。その後、玉ぐし奉納をしますが、神道の場合、二礼二拍一礼をしてから玉ぐしを奉納します。

地鎮祭が終わると、地縄《じなわ》確認をすることになります。地縄確認は設計図に基づいて現場に原寸大の建物を配置します。昔は縄を張り巡らしたので地縄という言葉が残っていますが、現在は縄の代わりにビニールテープを代用して使っています。地縄確認では図面では感覚的にわからなかった家の大きさや、お隣りとの距離などが現実的な大きさでわかります。そのほか、地盤の高さや外部設備や外構の位置関係を確認します。

施主の次のイベントは上棟《じょうとう》式ですが、こちらは地鎮祭よりさらにやらない人が多くなっています。昔はお酒をふるまい、ご近所のかたに祝い餅を配りましたが、今は特に都市部ではそのような光景を見ることはなくなりました。

上棟式の代わりに上棟打ち合わせをしますので、その際に職人さんたちにご祝儀を手渡すことはあるようです。上棟打ち合わせでは建物の骨組みが完成し、部屋の大きさもわかりますのでよりいっそう現実味が出てきます。このときは住宅設備の打ち合わせが主で、キッチン回りの細かな造作の打ち合わせや、照明器具・コンセント・エアコンなどの位置の確認作業をします。

この段階ではまだ多少の変更は可能ですが、これ以降工事が進むと現場での変更はできなくなります。

仮設トイレが間に合わない！　駐車場がない！

いよいよ職人が現場に乗り込む段になって、真っ先に用意しなければいけないのが、仮設トイレです。工事担当者は着工前にいろいろな手続きをしなければなりませんが、仮設水道・仮設電気の申請をして現場で使用できる状況にしなければなりません。

工事担当者のこの段取りが悪いと、仮設トイレが間に合わないことが起こります。そのような場合、職人たちは近所の公園のトイレや、コンビニに行って用をたしますが、これらのトイレが近隣にない場合、モラルの低い職人は現場でしばしば排尿してしまうこともあり、ご近所から大クレームとなります。また仮設トイレの位置も大事です。お隣りの玄関先に向かって配置すればお隣りに対して大変失礼なことになり、家が完成して引っ越しをした後にお隣りから嫌味を言われてしまうことになります。

もう一つご近所に迷惑をかけるのが、職人たちの車です。現場にはいろいろな職人が車で来ますが、彼らの駐車場をハウスメーカーが借りていなければ、路上駐車となってしまいます。

駐車場探しも工事担当者が初めにする仕事ですが、忙しさにかまけて忘れていると、現場の道路の前に職人たちの車が並んでしまいます。ガードマンもいないとなると通行人の安全対策もできず、ご近所の車の出入りにも支障をきたします。現場の近くに駐車場が借りられない場合、きちんとした工事担当者はコインパーキングを探して職人にそこに停めるように指導しますが、こんなことも工事担当者のスキル次第ということになります。仮設トイレと同じく、駐車場についても神経を使っておかないと、引っ越した後でご近所の冷たい視線を感じることになるので、工事担当者に確認をしておく必要があります。

たかがヘルメット、されどヘルメット

建築の現場に危険が伴《ともな》うことは誰が見ても明らかです。現場に立ち入る人は労働基準法や労働安全衛生法を遵守しなければなりません。これらを指導監督するのが現場の主任技術者で、通常は工事担当者がその役割を担《にな》います。

現場で作業をしている社員や職人たちがヘルメットを着用していない現場を見かけたら、その現場のハウスメーカーや工務店は安全に対する認識が欠如していると見たほうがいいでしょう。私も現場に立ち入るときは必ずヘルメットを着用していますが、夏場の暑いときにはヘルメットを着用すると、中は汗だらけでけっして気持ちのいいものではありません。

ですから職人たちは、ついついヘルメットを外してしまいがちになります。

これを黙認する工事担当者は、安全管理に対する認識が低いと言うことができましょう。万が一の事故が発生した場合の恐ろしさを知らないのです。事故が起きてもしょせん現場の

中の出来事と考えるのは大間違いで、現場の周りには道路があり、道路には人が通行し、車が往来しています。またお隣りの敷地には隣家が迫っており、家のなかでは24時間、人が生活をしています。

現場の中の安全対策を怠《おこた》るということは、現場の周りの安全対策にも神経が回らないことと言えるでしょう。「たかがヘルメット、されどヘルメット」という意識に欠ける職人はいかがなものかと思います。

工事担当者（現場監督）にのしかかる負担

工事担当者の仕事の主なものは、工程管理・顧客管理・資材発注・品質管理・近隣対策です。ハウスメーカーの場合、工事担当者は常時10棟前後の現場を担当しています。この数字が多いか少ないかは、現場の体制によって見解が異なります。

現場の体制は大きく分けて、下請け一括発注型と直《ちょく》施工型があります。

下請け一括発注型は、文字どおり現場は下請けに丸投げする状態で、元請けである工事担当者の仕事は顧客管理・資材発注・近隣対策が主な業務となります。つまり工程管理と品質管理は下請けに任せきりといっても過言ではないのです。

元請けの工事担当者は定期巡回と称して、担当している現場の節目の工程の時期に現場に出向き、何か問題がないかを確認することになっています。けれども私が検査に立ち入る場合でも、元請けの工事担当者は現場のことを把握しておらず、下請け工務店の監督に聞いたほうが、話が早いことが多いのが実情です。このような現場施工体制のハウスメーカーは、検査の時期がくると検査を実施するだけで、その他は下請けに任せきりになっています。

もっとも、一人で10棟前後も担当していれば、時間的な制約から考えてもそうならざるをえないでしょう。現場は常にトラブルが起こりかねない状況であり、それらを事前に察知して予防措置を取るのが工事管理者の業務なのです。けれどそれができていない現場が多く、ひとたび現場で問題が発生すると工事担当者はその現場にかかりきりとなり、他の現場に出向く時間を割《さ》けなくなります。結局この繰り返しで、クレームのスパイラルに落ちていくことになるわけです。

一方、直施工型の場合は、下請け工務店に一括発注ではなく、職人別の発注形式となります。

つまり工事担当者は直接、基礎工事業者・大工・設備業者・内装業者などの管理をしていかなければなりません。ですからおのずと工事担当者の１棟当たりの業務量は、下請け一括発注型に比べれば増大するので、10棟もの現場を管理するのは不可能なわけです。

工事担当者には現場の業務以外にも大きな負担がかかっています。会議、現場安全パトロールなどの行事への出席、発注関係の伝票の整理や行政に提出する申請書の作成などがあり、実はこのデスクワークが大きな負担となっているのです。

つまり、営業担当者の項でも説明しましたが、ハウスメーカーの工事担当者の仕事は「人間」としての私生活をも犠牲にさせてしまう傾向があり、これで本当の意味で正しい家づくりができるのかと疑問を感じるのは私だけではないでしょう。

職人任せの監督不在

現場の体制は担当者一人当たりの負担があまりにかかりすぎていると前項でも書きましたが、複数の現場を担当している工事担当者の場合、一つの現場で問題が起こるとその現場が最優先となり、そこにかかりきりになることが多くなります。

こんなとき、社内の工事課の上司なり他の担当者が応援に行く体制が取られているハウスメーカーは意外と少ないのです。よほど大きな問題、たとえば施工の間違いにより基礎を解体してやり替えることになったり、お隣りの家の屋根を壊してしまったりといった不祥事が起きた場合には応援体制を取って解決することはできますが、設計図上のミスが現場で発覚したりして、施主の信頼を損《そこ》ねてしまうような事例では、施主の信頼回復にはかなりの時間と打ち合わせ回数を重ねなければならなくなります。

このような状況になると、顧客対応にそれ相当の時間をかけることになり、他の現場に出向く時間が少なくなってしまうわけです。すると現場は監督不在の職人任せとなってしまいます。こうなると職人の手配、資材の手配の段取りが悪くなり、現場は混乱してきます。

つまりこういうことになるのです。

10棟の現場を抱える工事担当者↓そのうち1棟の現場でクレームが発生↓他の9棟の現場管理がおろそかになる↓他の9棟の現場でもやがてクレームが発生する↓やがて工事担当者へのクレームが爆発する、というわけです。

このような事例は極端ですが、クレームを1件かかえると工事担当者が家に帰る時間は普段より3時間は遅くなると言われます。これが繰り返されれば心身共に疲弊をしてしまいます。そして、会社は担当者に能力がないと判断し、配置替えを考えるようになります。

あるハウスメーカーの工事担当者がいみじくも「もう少し人間らしい生活がしたい」と話をしていましたが、残念なことです。

職人はお昼休み以外に10：00と15：00が休憩タイム

ビル建設を請け負うゼネコンの現場は、始業時にその日現場作業をする職人たちを前に作業長が朝礼をし、ラジオ体操をしてから作業をスタートさせるのが通例です。

一方、住宅の現場では、作業長である工事担当者が毎日現場にいるわけではなく、職人たちも8：00から8：30頃に現場に来て、準備作業から仕事を始め出します。

皆さんは住宅の工事現場の前を通ると、職人たちがお茶を飲んで雑談をしている姿をよく見かけるでしょう。雑談ばかりして仕事をしているのだろうかと思う人も、いるかもしれません。職人は、午前中10：00頃から、午後は15：00頃から30分前後の休憩をするのが習わしなのです。そして12：00から13：00はお昼休みで、食事を早々にすませ昼寝をして体を休めています。この休憩時間以外、多くの職人は作業を始め出すとわき目もふらずにこなしていきます。作業中、口は動かさず手を動かしたいのです。こんなときに施主が現場に来て、いろいろと質問をされるのは、職人にしてみればそのぶん手を休めることになり、本音を言えば迷惑なのでしょう。だから施主が現場に行く時間帯は、10：00と15：00のお茶の時間が良いと思います。ただし現場が順調に進んでいるときはいいのですが、工事が遅れている場合は別です。そんなときは工事担当者に必ず連絡をしたほうがよいでしょう。

また絶対に行ってはいけない時間は、12：00から13：00の時間帯。職人は昼寝を邪魔とれるのを嫌いますからこの時間は避けたほうがいいでしょう。

施主として注意しておきたいことは、仮に設計段階で打ち合わせしたことと現場の状況が違っていることがわかった場合、職人には直接言わず、必ずハウスメーカーの工事担当者に申し入れをしたほうがいいということです。なぜなら職人はハウスメーカーの指示どおりに現場で作業をしており、現場での間違いの多くはハウスメーカーの指示ミスによるものだからです。

なぜ？　現場監督と職人の持っている設計図が違う

信じられないかもしれませんが、現場監督の設計図と職人の持っている設計図とが違っていることがよくあります。

これはいったいどういうことなのでしょうか？　着工するまでに、すべての設計図の整合性が取れているのが大前提なのは、言うまでもありません。

しかし、設計期間が短く（営業マンの読みが悪くて設計に十分な時間が取れないまま引き渡し日を決めてしまうと、こうなることが多いです）、設計図のすべてが着工までに間に合わない、いわば見切り発車で着工をしてしまう場合や、設計変更が度重なり、変更部分の図面訂正が一部の図面で抜け落ちてしまうといったような場合に、このようなことがよく起こります。

私は検査依頼を受けたときにはハウスメーカーから設計図一式を必ず提出させていますが、基礎の配筋検査をしたとき、たまたま工事担当者が遅刻をしたので基礎業者に立ち会わせて検査を進めたところ、すぐに基礎の大きさが違うことに気がついたことがありました。ところが基礎業者は、「図面どおりに施工しているから間違っていない」と、強く主張してきたのです。

そこで彼の持っている図面を見て驚きました。私の持参した図面と基礎の寸法が違うではありませんか。そのとき基礎業者の親方から出た言葉は「冗談じゃないよ、またかよ!」でした。彼の持っている図面の発行日付は私の持っている図面の発行日より一週間も前の図面だったのです。つまりハウスメーカーの設計担当者は、変更後の図面を基礎業者には渡していなかったのです。

上棟検査のときもこんなことがありました。たまたま施主が検査に同行し、施主は私の検査をそばで見ていましたが、2階に上ったときに私にこう言ったのです。「先生、窓の位置が違うんですけど！」。その言葉を聞いて急いで図面を見ましたが、現場は図面どおりになっています。ハウスメーカーが私に発行した図面が、施主が変更を希望した前のもので、大工が持っている図面も同じく変更前のものだったのです。その場にいたハウスメーカーの設計担当者は、真っ青な顔をして「すいません」の連発です。

このようなことはめったにないことだと願いたいのですが、けっこう頻繁に起きているのが実情です。

着工してからの変更依頼は損

一般的な住宅の工期は、おおよそ４カ月前後です。基礎工事からスタートして骨組みの建て方工事が終わると、次は設備配管工事・防水工事・断熱工事・外部仕上げ工事・内部仕上げ工事へと進んでいきます。

その過程で施主のかたは、設計段階では図面上で理解できていたつもりが、現場を見てみたら「こんなはずではなかった……」といった事態になることがたまにあります。

そのようなとき、施主は設計の変更を申し出てきます。よく聞くのは、上棟打ち合わせのときに、部屋が暗く感じるので窓の大きさを大きくしたいといった変更希望です。上棟段階は、建物の周囲には養生ネットが張りめぐらされており、また室内も仕上がっていないので暗く感じることが多いのですが、それでももっと明るくしたいと設計変更をすると、次のような問題が生じてきます。

まず、サッシの納期です。今日頼んで明日現場に納品できるわけではなく、早くても1週間くらいは必要となります。サッシが現場に納品されない限り、構造体の大きさを変更することはできません。同時にその他の工事、たとえば断熱材を入れたり、外部の防水紙を施工することもできなくなります。つまりサッシ一つを変更することによって、工期が遅れてしまうということになるわけです。

また、当然ながら一度できているものを取り壊してやり替えるわけですから、工事費も増してしまいます。壊す費用や、壊したものの処分費、さらにはやり替えに対する追加費用が発生することになるわけです。意外とこの追加費用が割高になります。

さらにクロゼットの広さが思ったより狭いので広く変えたいなどといった設計変更になると、それこそ大事《おおごと》になります。この段階では、すでに設計段階で決めた仕上げ材や内部建具などは発注済みです。現場に納品されていないものでも変更のためにキャンセルをすれば、キャンセル料を請求されるので工事費が加算されてしまいます。

そもそも部屋の大きさを変えることは、建築確認申請の図面を変更しなければならないので、場合によっては建築確認の出し直しとなる恐れがあります。建築確認の出し直しとなれば、2〜3週間は現場が止まってしまうので、大変なことになるわけです。予定どおりに手配していた大工などの職人は、数日現場がストップすると他の現場を優先してしまうことになるので、戻ってくるまでの間、現場が止まってしまうことにもなります。

結局、着工してからの変更は、施主にとってはいいことは一つもありません。設計段階で十分な検討をしておくことが大事なのです。

工期が遅れ、応援の大工（職人）が入ると、現場は大混乱

現場の工期が遅れる理由には、施主側の理由とハウスメーカー側の理由の二つがあります。

施主側の理由としては、前項で説明したように現場に入ってから変更をすることが挙げられます。一方、ハウスメーカー側の理由としては、そもそも契約段階で厳しい工期を承知で無理して契約をしてしまったり、図面ミスや施工ミスで遅れるといったことが挙げられます。こんなとき工事担当者は、「応援の大工を呼びますから竣工には間に合わせます」と説

明してきます。

大工の仕事にはいろいろありますが、たとえば木造系の現場だと、木造の骨組そのものを組み上げるのはもちろんのこと、ロックウールなどの断熱材の入れ込み、外部の防水紙の施工、そして石膏ボードの施工と造作工事など実にさまざまです。

順調な工期で進む場合は、大工自身が現場の段取りを考えて問題なく進んでいきますが、ひとたび工期が遅れ応援の大工が現場に入ることになると、たとえば2階は応援大工に任せるといった進め方をせざるをえなくなります。大工は人にもよりますが、作業途中のまま他の作業に取り掛かることがよくあります。たとえば、サッシを取り付ける際、仕上げのことを考えて一部のサッシは仮止めにしておいて、サッシ枠を取り付けるときに全部のサッシ付けを完了させるといったようなことです。

順調に進んでいる場合は大工の頭の中で段取りを組んでいるので問題はありませんが、ひとたび応援大工が来ると、このあたりの頭の中の段取りがくるってしまうことになります。応援大工は、それまでの大工の作業工程は考えずに自分のやり方で作業を開始してしまうので、今までの段取りがわかりません。たとえば応援大工に2階の作業を任せることになった場合、1階と2階とで仕上げの程度も変わってしまうことが起こるわけです。

もちろん現場は、大工以外に設備・電気・家具といった多くの職人が出入りしますので、これらの職人との連携も悪くなり、いろいろと不都合が出てくることになります。

こんなときは、工事担当者に応援大工なしで作業を進めた場合の竣工日を確認して、引き渡しが多少遅れても問題がないようでしたら、応援大工を入れることを断わったほうが賢明と言えましょう。

ハウスメーカー決算月の引き渡しは避けたほうが無難

多くのハウスメーカーの決算は3月です。ハウスメーカーはこの決算期までに、受注・売上をなんとか事業計画に合わせようと、追い込みをかけることになります。

営業段階では3月決算期に合わせて受注計画を追い込みますが、売上計画も同じように3月の完成引き渡しに向けて追い込むのです。つまりハウスメーカー側の都合で3月引き渡しが集中することになります。

3月に引き渡しをするためには、たとえば標準工期が4カ月の場合、遅くとも11月中旬には着工をしていなければならないはずです。とはいえ11月中旬までの受注が不調で売上計画を達成できないとき、12月着工か1月着工でも3月引き渡しで工期を設定してしまうことになります。

多くのハウスメーカーは受注と引き渡しの平準化を図っていますが、現状ではこうした理由から3月に引き渡しが集中するのが実情のようです。11月に着工する現場は、基礎工事・大工工事は通常の月よりも集中します。ましてや1月着工で3月引き渡しとなればいわゆる突貫工事になってしまい、工程ごとに応援の職人を集めることになって、現場が混乱するのは火を見るよりも明らかです。

現場の工程上、雨の日には作業ができない工事があります。基礎工事ではコンクリートは雨のときに流し込むのは厳禁ですし、外部の仕上げ材の吹き付けも雨の日は作業ができません。

また、現場の工程の中では養生期間というものが必要です。たとえば基礎工事でいえば、コンクリートを流し込んでから次の工程に進むまでには数日の養生期間が必要ですし、外壁の下地モルタルも塗り終わってから乾燥のための養生期間が必要です。初めから無理な工程で進めた場合、職人の手配にも影響が出ますし、本来の養生期間などを無視して工事を進めてしまうことになってしまい、竣工してから数年後に瑕疵《かし》が出てくる可能性があるのです。

施主側も子供の就学や人事異動などで春の完成を希望する人が多いのですが、家づくりは一生のことですから早めに計画を進めて1月完成ぐらいの余裕を持った予定を立てるべきではないでしょうか。

行政の完了検査を受けない工務店

住宅を建築する際、建築基準法で定められている手続きがあります。

新築の場合、はじめに建築確認申請を所管の役所（民間の確認審査機関でも可）に提出します。建築確認申請は建築主が有資格者（規模により一級建築士・二級建築士のいずれか）に委任をして申請します。委任を受けた有資格者は、建築確認申請書に必要な設計図を添えて申請料（規模により金額は異なります）を支払い、申請します。申請提出後許可（確認通知）がおりるまで21日が目安ですが、建物の規模や特殊事情により21日以上かかる場合もあります。この確認通知がないと着工できません。

着工後の役所検査は、基礎配筋検査→中間検査→完了検査と通常3回の検査がありますが、いずれの検査も施工者側から役所へ連絡をして検査を受けることになるのです。

それぞれの検査に合格すると、建物完成後、完了検査済証が役所から発行されます。ところがこの検査を受けない事例があり、これは特に建売業者で目立ちます。では、検査を受けなくても問題はないのでしょうか？　最後の完了検査を受けないと、役所の見解は「いまだ工事中」ということになります。完了検査を受けなくても登記はできますし、銀行などの住宅ローンも確認通知書さえあれば実行してもらえるのです。

さらに悪質な業者の場合は、確認通知書に添付した図面と異なる内容で現場を完成させることもあります。工事中、現場は足場の周りに養生ネットを張り巡らしますから、外形が極端に異なること（たとえば2階建で申請したものを3階建にしてしまうなど）がなければ、申請図と違うということが容易に判別できません。

建売住宅を購入する場合は、必ず「完了検査済証」があるかどうかを確認しておく必要があるでしょう。万が一「完了検査済証」がない物件の場合、その後に改築や増築をする必要が生じて、申請を行なうことになったときに「既存不適格」と判断され、場合によっては増改築ができなくなることもあります。

このような事態を防ぐためには「性能評価申請」をする必要があります。「性能評価申請」をすれば最低限現場での検査が義務付けられますから、必ず「完了検査済証」が発行されるので安心でしょう。

大雨や強風の日に現場に行ってみよう

現場は天候に左右されることが多く、外部から雨が浸入しない状態になるまで、通常は雨の日の現場作業は実施しません。現場に職人が入って作業しているときは別ですが、雨の日や夜間、現場は無人となります。そのようなとき、現場は仮囲いといって、外部から侵入できないように仮設のフェンスなどで囲っておきます。

さて、基礎工事が完了すると、先行足場といって仮設足場が組み立てられます。その後、建て方工事に入って建物の骨組みが完成すると、足場の周りに養生ネットを張り巡らします。養生ネットの一部はハウスメーカーのイメージシートと言えます。会社の名前やロゴを印刷したビニール製のシートのことです。

この養生ネットは、現場から道路やお隣りに万が一落下物があったときの保護ネットであり、また外壁の吹きつけ工事の際に近隣に塗料の粉末が飛散するのを防ぐためのものでもあります。

しかし台風など風の強い日には、原則的にはネットはたたんで足場の柱に固定をしておかないといけません。ネットとはいえ風を受けて足場が揺れてしまい、最悪の場合、足場が倒れることもあるからです。また、ネットは足場に紐《ひも》を結《ゆ》わえて固定していますが、きつくしばっておかないとこの紐がほどけてネットが風にあおられて、お隣りの屋根や外壁にバタバタとぶつかる危険もあります。

きちんとした現場監督は、夜中でも現場を巡回してこのような危険がないかを確認しますが、担当する現場を多く抱える現場監督は回りきれないことがあります。万が一、ネットをたたんでいないようでしたら、安全対策の基本を実施していないという証拠です。

第4章　現場を知らないハウスメーカー

鉄筋が多いから強い基礎？

建物の基礎は鉄筋コンクリート製であるということは、皆さんもご存じでしょう。鉄筋コンクリートとは？　と改めて聞かれると、正しく答えられる人は少ないと思います。鉄筋コンクリートは、鉄筋とコンクリートがそれぞれ持っている材料の強さの特性を合体させたものです。

コンクリートは圧縮力に強く、鉄筋は引っ張り力に強いという特性があります。基礎には圧縮力と引っ張り力が常に働きますので、両方の力に抵抗できる材料でなければなりません。そこで鉄筋コンクリートが採用されているのです。

では、鉄筋とコンクリートが力学上一体化できるのはどんな理屈によるのでしょう？　鉄筋の周りの付着力でコンクリートと一体化されるのです。

基礎の現場では、通常、鉄筋をはじめに組み立てて、型枠で囲った中に生コンクリートを流し込みます。生コンクリートは、セメント・砂・砂利を決められた配合で混ぜ、水を加えて練りあげます。砂利の大きさはその直径が20ミリ未満と規定されています。

鉄筋はベース筋と立ち上がり筋とがありますが、立ち上がり筋の多くはプレ配筋といって、はしご状の鉄筋を工場で製作して現場で連結していきます。この連結する部分に現場で

補強筋が多いとコンクリートの強度が確保できないことも
（手の先の矢印の部分）

補強筋を抱かせて配筋をするのですが、プレ配筋の割り付け方が悪いと補強筋だらけになる箇所が出てきます。

補強筋を含めて４本もの鉄筋が固まってしまう箇所は好ましくありません。鉄筋の配筋検査をするとき、このような箇所が指摘されても「鉄筋が多く入っているから問題ない」と主張する現場監督がいますが、鉄筋が多く入っていては生コンクリートを流し込む際に砂利が鉄筋の上に固まってしまい、鉄筋の下にうまく流れ込まないことがあります。このようにして出来上がった鉄筋コンクリートにはジャンカ（豆板とも言います）という空気の巣ができ、鉄筋の付着力が極端に低下してしまいます。これでは鉄筋コンクリートの本来の強度が確保できない恐れがあるのです。

設計図上では鉄筋は1本の線で表現されますが、鉄筋には10・13・16・19・22ミリと太さに差がありますので、図面どおりに現場で施工できないことがあります。ここでも理論と実践の乖離《かいり》が生じるのです。

生コンクリートの品質管理をしない現場

私がインスペクターの仕事を始めたのは今から10年ほど前からですが、当時はハウスメーカーの生コンクリート打ちの現場で、生コンクリートの現場採取による品質検査を実施しているメーカーはありませんでした。工事監督者は検査そのものも知らないという有様でした。

生コンクリートはプラントメーカーで規定どおりに配合し、ミキサー車で現場まで搬送するのですが、JIS認定工場であればそれだけで信用して生コンクリートを流し込むハウスメーカーがほとんどでした。ミキサー車ごとに納品伝票を発行し、納品伝票には決められた強度とスランプ値、ミキサー車の出発時間と現場到着時間が明記されていますが、その伝票さえチェックしない監督が多かったのです。

現場採取の生コンクリートの品質検査

まずミキサー車の出発時間と到着時間ですが、外気温度によりミキサー車が出発してから生コンクリート打ち込み完了までの時間制限があります。この制限時間を超えた生コンクリートは使用してはいけないのです。

スランプ値とは、生コンクリートの柔らかさの規定値です。硬すぎず柔らかすぎずの状態で流し込まないといけません。納品伝票にスランプ値18センチと書かれていても、本当にその値の通りになっているのかを流し込む前に確認すべきです。実際に私が立ち会った現場では、規定値を超えているためにミキサー車をプラントメーカーにそのまま返した事例がたくさんあります。

2009年には、藤沢市エリアのJIS認定工場大手プラントメーカーでスラグ（灰のようなものです）を混入した生コンクリートを大量に出荷した事件も起きています。食品偽装と同様、このようなことは出荷元であるプラントメーカー経営者のモラルが低いために起きるのです。他の場所でも十分に起こりえる可能性があります。

そのつど現場で採取したサンプルでスランプ値を測定するのはもちろんのこと、圧縮破壊試験を実施して所定の強度が確保できているかどうかの試験を義務づければ、最低限プラントメーカーに対して、いい加減な出荷はできないとの意識づけができることになります。

雨なのに基礎のコンクリートを流し込んで大丈夫？

毎日のように現場検査を実施していますが、天気は気まぐれで早朝にはよい天気であったにもかかわらず、現場に到着したら急に雨が降ってきたということもよくあります。現場監督は天気予報を常に注意して現場の段取りを決めるのが常ですが、天気は気まぐれで刻々と変化してしまうものです。

天気を一番気にしなければならないのが、生コンクリート打ちです。雨の日に生コンクリートを流し込むのはもちろん厳禁ですが、町中《まちなか》を車で走っていると雨の日にもかかわらず、ミキサー車が生コンクリートを搬送している光景を見かけます。

工期が厳しい現場の場合、どうしてもその日までに生コンクリート打ちをしなければ後の工程が遅れてしまうといったことが起きます。そのようなときは仮設のテントを張り巡らして打ち込みをする場合もありますが、私が何度となく見かけて驚くのは、仮設テントも用意せず雨の中で、生コンクリートを流し込む現場が意外と多いということです。これはハウスメーカーに限らず、大手のゼネコンの現場でもそのようなことが行なわれているのが実情のようです。背に腹は代えられないといった理由で現場監督がゴーサインを出してしまうのでしょうが、もちろん何一つとしていいことはありません。なかには生コンクリートの配合を変えれば雨の中でも流し込んで大丈夫、と豪語する現場監督もいますが、とんでもないことです。

生コンクリート打ちで注意しなければならない時期は、厳寒と猛暑のころです。日中の気温が5℃前後であっても、夜中に氷点下になるような場合は、当然生コンクリートの中の水が凍結する恐れがあります。日中の気温が4℃未満の場合は「寒中コンクリート」といって、コンクリートが凍ってしまうことがあります。コンクリートが凍結しないようにするためには、寒冷下においても所要の品質が得られるように、材料、配合、練り混ぜ、運搬、打ち込み、養生、型枠などについて適切な措置をとらなければなりません。この品質管理を怠るとコンクリートが凍結し、ひとたび凍結したコンクリートは二度と強度を回復することはなく、耐久性、水密性が著しく劣ることになります。

一方、真夏のカンカン照りの中での打ち込みも注意が必要です。このような時期は、ミキサー車がプラント（工場）を出発して現場で流し込みを完了させるまでの時間を90分以内にしなければならないという制限があります。都市部では渋滞などが起これぱこの時間制限を超えてしまうことも十分考えられ、ミキサー車の配車の段取りが重要となりますが、現場監督は基礎業者任せでミキサー車の時間管理をしないことが多いので要注意です。

いずれにしても、基礎工事は敷地条件・道路条件・気候条件などなど、現場単位でその条件が異なるので十分な管理が必要な工事であることは、言うまでもないのです。

基礎のヒビ割れを発見しようとしない現場監督

生コンクリート打ちが終了し、一定期間の養生をした後、型枠を脱型すると、基礎が出来上がります。

基礎が完了したときに当然検査をしますが、多くの現場監督は基礎の出来型検査（図面ど

基礎の小さな気泡をほじると、このようなジャンカが発覚

おりの形状の確認）しか実施していないといってても過言ではないでしょう。つまり基礎の長さ・幅・全体の長さなどの形の検査と、アンカーボルト類の本数チェックを検査の主体として、それだけで終わってしまうのです。

型枠に生コンクリートを流し込む際には、バイブレーターで振動を与えて型枠の隅々まで生コンクリートが行き渡るようにします。このバイブレーターのかけ具合によっては、かえって型枠表面に生コンクリートの中の気泡がへばりついてしまうことがあります。

型枠を脱型して基礎の表面を見ると、この気泡が小さな穴となって見えます。表面上は小さく見えても、ドライバーなどでほじってみると深さがかなり深いものもあって、これがいわゆるジャンカというものです。特に外周部のジャンカは注意が必要で、ジャンカの深さが深いと鉄筋の「かぶり厚さ」が不足する恐れがあり、そのような場合はジャンカの周辺をハツリ（壊すこと）だして補修をしなければなりません。このジャンカの有無《うむ》はかなり時間をかけて検査する必要があるので、現場監督は面倒くさがって省いてしまうことがあるのです。

また基礎の立ち上がりの天端《てんば》（上の表面）は、レベラーというモルタルを流し込んで水平にしていますが、レベラーを流し込むタイミングを間違えると、コンクリートとの接着が悪く、浮いてしまうことになります。これもレベラーを打診検査して確認をしなければなりませんが、実施している現場監督は今までの私の検査立ち会いの中で10人に1人もいませんでした。多くは下請けの基礎業者任せが多く、中には検査そのものを基礎業者任せにして、その報告書ですませてしまうが場合もあります。

鉄骨は錆が大敵

鉄の錆《さび》というのはどなたもご存じだと思います。住宅には鉄でできている材料がたくさん使用されていますが、意外にも錆に対する意識が低い現場管理者がたくさんいます。

鉄骨造の場合、工場で鉄骨に防錆《ぼうせい》処理をすませて現場に搬入してから骨組をしますが、荷揚げ時や組み立て中に鉄骨をぶつけたりして防錆塗装がはげてしまうことがよくあります。このようなときに、はげた部分に錆止め措置をしているかを必ず確認する必要があります。

基礎には必ず鉄筋が使用されます。鉄筋コンクリートは完成した当初はアルカリ性を保持していますが、コンクリートにヒビが入り雨水などが浸み込んで鉄筋まで到達すると中性化が進行し、やがて鉄筋が錆びてしまいます。

鉄筋は錆びると体積が膨張し、やがてコンクリートを破壊する「爆裂《ばくれつ》」を起こします。鉄筋の表面からコンクリートの表面までの距離は決められていて、これを「かぶり厚さ」と言いますが、このかぶり厚さを守らないと長い間には爆裂の危険性をはらんでしまうのです。

このように大事な構造体以外にも、水切り鉄板という、屋根・出窓・土台部分の外部に、露出する金属製の薄い板を使用することがふつうです。

最近は錆びにくいステンレスやガリバリウム鋼板を使用する例も増えていますが、特に海岸に近い地域に建てる場合には塩害の恐れがあるので十分注意が必要です。

鉄骨やコンクリートの断熱処理が中途半端

鉄やコンクリートは熱伝導率が高い、つまり熱を伝えやすいので、断熱処理を間違えると結露《けつろ》の原因となることがあります。

冬の季節、外気温度が0℃で室内温度が25℃を想定したとき、鉄骨の梁《はり》や柱が直接外気に接している部分には断熱処理をするのは当然ですが、この断熱処理が外《そと》断熱方式ではなく内《うち》断熱方式の場合、直接外気に接している部材から連続している梁の断熱処理をしていないと、ヒートブリッジ（熱橋）現象を起こして内部結露をしてしまうことがあります。

鉄骨系ハウスメーカーの多くは内断熱方式を採用しており、断熱検査時にほとんどの現場でこの内部結露の恐れがある部分に、断熱材を施工するよう指導しています。この内部結露の結露水は量としては多くはありませんが、断熱材や石膏ボードが吸い込んでしまい、長い時間が経過するうちに天井裏や壁の内部に腐朽菌が発生する恐れがあります。つまり、カビの発生原因となるわけです。

ハウスメーカーの場合、寒冷地仕様といっておおむね福島県以北では寒冷地向けの特別な仕様にしていますが、寒冷地ではない地域でも冬季に外気が氷点下になるような環境にある場合は、ヒートブリッジ対策を慎重に検討しておかなければなりません。

雨に濡れた木造現場

日本の気候の特徴として、年間の降雨量が多いことが挙げられます。1年を通じての乾燥期間というのは、12月から2月頃に限定されるでしょう。

木造の工事は基礎が完了してから上棟し、外部から雨が浸入しなくなるまでの期間は、在来工法にせよ、ツーバイフォー工法にせよ、1カ月近くは雨ざらしになります。

現在の木造系の工法では木材の多くは乾燥材を使用していますが、乾燥材とはいえひとたび濡れてしまえば乾燥期間を設けないとなりません。大壁工法といって、柱や梁の外部側は構造用合板、内部側は石膏ボードで覆《おお》ってしまいますから、柱や梁を乾燥させないままで塞《ふさ》いでしまえば、構造材に含んだ水分が壁の中に閉じ込められて壁体内結露を起こし、腐朽菌が発生する恐れがあります。乾燥材は晴天が数日続けば十分に乾燥してくれますので、十分な乾燥期間を設けることが大事です。

厄介なのは、床・壁の合板です。特に床合板はひとたび濡らすと乾燥させるのにかなりの期間が必要です。床合板の雨養生には、合板の上に薄いビニールシートを張り合わせたり、表面を撥水《はっすい》加工したりしますが、床の場合はビニールシートが破損しやすく、そこから中に水が浸入するとかえって水が蒸発しにくくなり乾燥の妨げになりますから、水が浸入したら

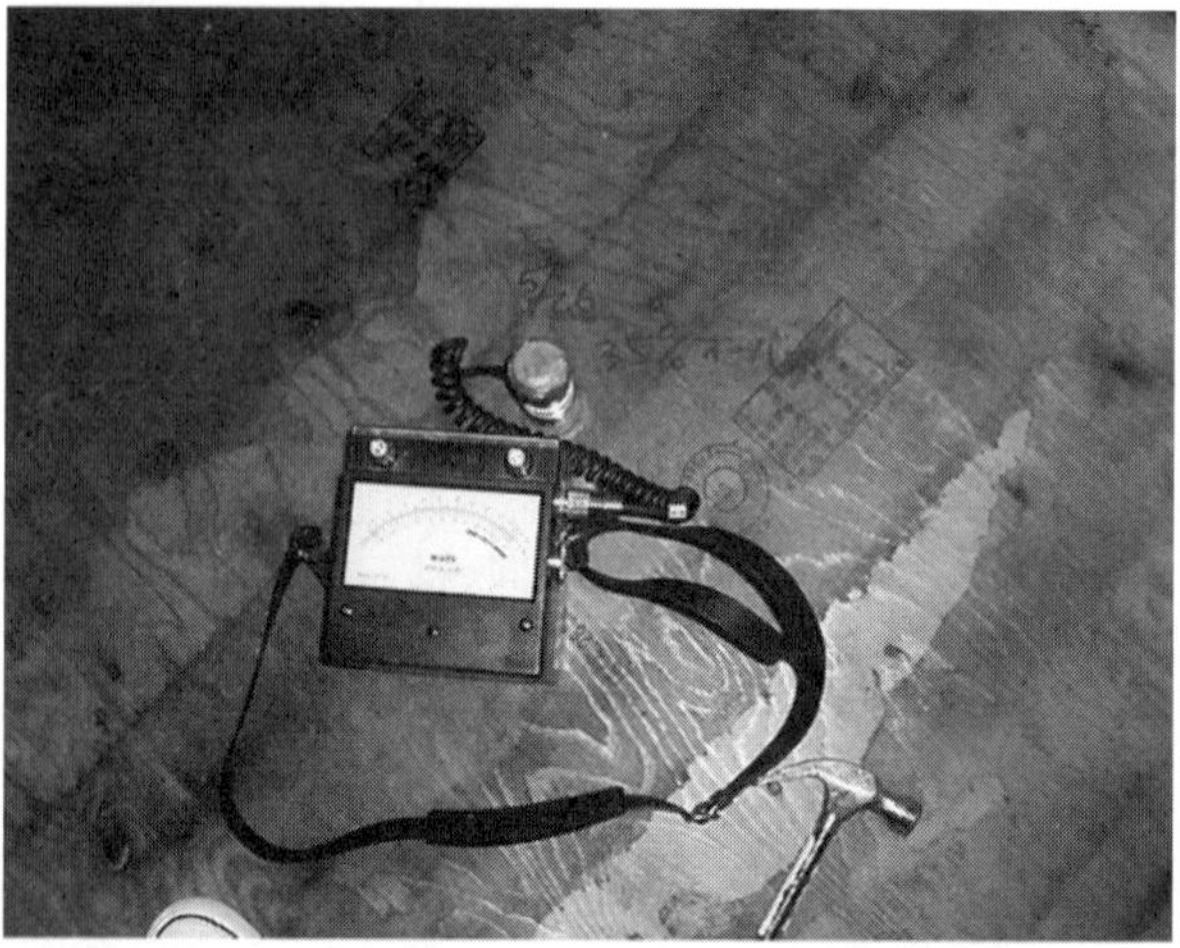
濡れてしまった床合板は水分計で含水率を測定

すぐにシートを剥《は》がしてやる必要があります。壁の場合は合板の表面は撥水加工をしていますが、木口《こぐち》（切断面）は加工していないので、水はこの木口から内部に吸い込まれてしまい、やはり濡れてしまいます。

梅雨・台風シーズンに建て方工事をしなければならない工程の場合、雨養生をしても濡れてしまうことがあります。合板が濡れてしまった場合は、水分計で含水率を測定し十分乾燥したことを確認してから床仕上げ工事に取り掛からなければなりません。残念ながら、水分計で含水率を測定している工事監督はほとんどいないのが現状です。

釘が効いていない木造

在来工法・ツーバイフォー工法・パネル工法に代表される木造系の工法は、釘を多用しています。特に床合板や壁合板は、床根太《ゆかねだ》や柱に合板を釘打ちして固定します。

現在ではこの釘打ちはピストルのような釘打ち機でパンパンと打ち込んでいきますが、釘打ち機はコンプレッサーのエアー調整を頻繁にしないと、強すぎて釘がめり込みすぎてしまい、釘を打ち込んでいても本来の強度が確保できない恐れが出ます。

このようなときは釘の増し打ちをしなければなりませんが、釘を細かく打ちすぎると合板が裂《さ》けたりしますので、かえって悪い状態になります。できれば構造材を新たに追加して抱き合わせて補強をして、追加した根太や柱に釘打ちをしたほうが良いでしょう。また釘打ち機を使う際に、その作業姿勢が悪いと釘が柱や間柱から外れてしまうことがよくあります。

釘が外れた場合は、釘打ち機の抵抗がほとんどないのでわかりますが、モラルの低い大工の場合は、そのままにしてしまうことがあるので要注意です。外れた釘は壁の場合は内側から見ればすぐわかるので、釘の増し打ちをさせます。また、床根太や柱は釘の打ち方不良によって裂けてしまうことがあり、この場合は新たに根太や柱を抱き合わせて補強しなければなりません。

はじめから工期が短い現場では、雨の日でも建て方工事を強行してしまいます。雨の日に濡れた合板は柔らかくなりますから、釘打ちの際には通常のときよりもめり込みすぎてしまい、よい結果が出ることはありません。雨の日の建て方工事は、どんなに工期が厳しくともやるべきではないのです。

防水工事の出来不出来

一番慎重に施工しなければならないといっても過言ではないのが、防水工事でしょう。日本の気候の特徴として、年間の降雨量が多いことが挙げられます。なかでも梅雨《つゆ》の長雨や強風を伴《ともな》う台風シーズンは降雨量が増大し、日本の家屋は防水工事を避けて通れません。

昔の日本家屋は、軒の出《で》を長くしたり霧除けといった小庇《こびさし》を設けて窓回りに直接雨がかからないように工夫をしていましたが、欧米スタイルの家が好まれるようになってから、軒の出は短くなり、小庇はなくなってきました。その結果、サッシは直接雨がかかる状態になってしまいます。

サッシ以外にも、外壁には換気扇や電気の配線などの穴が開けられています。サッシをはじめとするこれら外壁に開けられた開口部回りは、きちんと防水処理をしなければなりませ

釘が外れても、そのままにしてしまうこともある

サッシ回りの正しい防水テープ施工

ん。

開口部回りには、はじめに一次防水として粘着性の強い防水テープで内部に水が浸入しないように密閉します。この防水テープの施工方法を間違えると、とんでもないことになります。防水テープは、サッシ下から両側へ、そして最後に上へといった順番で施工します。またテープ幅は50・75・100ミリとありますが、できるだけ幅は広いほうがいいでしょう。

その他漏水の原因となる箇所は、バルコニーの手すりが外壁と交わる箇所、下屋《げや》が外壁と交《まじ》わる箇所などが挙げられますが、これらの箇所も下地の段階での一次防水施工は丁寧にきちんと施工しないと、漏水を引き起こします。その後外部の仕上げが進む段階で二重三重に防水施工をすることが必要です。

最近は屋上バルコニーを採用する住宅が増えていますが、屋上は真夏にはかなりの表面温度になります。防水層と構造体との間の空気が膨張しますので、この空気層の脱気もきちんと考えた施工をしているかが大事な点です。

床下の排水管の勾配を確認しない現場監督

住宅の設備にはキッチン・浴室・洗面・便所など、いくつもの排水管があることはご存じでしょう。この排水管は、どのように配管されて最終的にはどこにつながっているのでしょうか？

1階の設備排水管は床に穴を開けて床下に、2階の排水管は2階の床に穴を開けてパイプスペースを経由して1階の床下に落としています。つまり室内の排水管は、外部に露出配管をしない限り、すべてを1階床下の基礎の部分に落とし込み、そこから横引きをして基礎を貫通して外部に配管しています。

基礎工事の際に先行配管をしますが、この横引きの勾配を確認しない監督がいます。トイレの汚水管とその他の雑配管とは勾配が若干異なりますが、最低でも100分の1の勾配は必要です。ところが基礎の検査のときに、たまに逆勾配の配管をしている現場に出くわすことがあります。設備業者に任せきりで、勾配のチェックさえしていない現場監督がいるわけです。

さて、基礎を貫通した排水管は家の周りを通って、最終的には敷地内の排水枡《ます》に接続し、そこから公共下水に接続されます。この段階の勾配も、設備業者任せでノーチェックと言っていいでしょう。特に道路と建設地との高低差がほとんどなかったり、敷地が道路より低い場合は勾配が取りきれないことがあるので、注意が必要です。

また路地状敷地（旗竿敷地ともいいます）の場合は排水管の長さが長くなりますので、特に勾配に関しては事前のチェックが必要なのです。勾配が不足すれば流れが悪くなるのは、どんな素人でも簡単にわかることです。

隙間だらけの断熱材

断熱には、外張り方式と内張り方式があります。

どちらがいいかは一概には言えませんが、理論上は外張り方式のほうが断熱効果はいいと思います。けれども住宅のように開口部が不規則だったり、バルコニーや下屋などが複雑な形状の場合は施工そのものが難しいことがあり、また施工時に雨の影響を受けやすいといった施工上の問題があります。

断熱材そのものにはいろいろな種類があり、それぞれ採用しているハウスメーカーによって良い点悪い点を誇張しているようです。

多くのハウスメーカーが採用しているロックウール・グラスウールといった綿状の断熱材は、施工方法は簡単ですが壁に関してはずれ落ちることがあること、隙間ができやすいことが問題点です。断熱材は少しの隙間でも断熱効果は激減してしまいますので、注意を要するところです。

綿状に対して板状の断熱材は、外張り方式の場合に用いられることが多いのですが、問題は雨の中で施工したり、施工後養生不備により雨を断熱材と構造材の隙間に浸入したままにしておくと構造材の劣化が進んでしまうことです。内張り方式の注意点は、断熱材相互の隙間を作らないことです。

その他の断熱材としては現場発泡ウレタンやセルローズファイバーなどがあります。

現場発砲ウレタンは、現場で液状のウレタンを壁に直接吹き付け、その瞬時にウレタンが空気と混ざって膨張する断熱材です。隙間ができにくく細かな空間まで充塡できますが、施工者の熟練度によりばらつきが出るのが欠点です。一見すると充塡できているようでも中に隙間があったり、吹き厚さが不足することがあります。

セルローズファイバーは天然繊維の微細な粉末を吹き付けたり、ブローイングをして施工します。特にブローイングの場合は断熱材の内側、つまり石膏ボードとの境に隙間があると、微粉末が室内に浮遊する恐れがあるので注意が必要です。

ハウスメーカーは、自分たちが採用している断熱材が一番すぐれているとカタログに記載しますが、いずれの断熱材も正しい保管方法と施工方法を守ることが大前提であることを忘れないでいただきたいと思います。

下地に止まっていない石膏ボード

構造体が完成し断熱材も完了すると、天井と壁は石膏ボードで覆われることになります。石膏ボードはビスで下地に留《と》めることになりますが、このビス打ちも大工さんが機械で施工します。外部の構造用合板の釘打ち同様、モラルの低い大工は下地に止まっていないビスをそのままにしてしまいます。石膏ボードはその性質から崩れやすかったり、欠けやすいといった弱点があり、ビスを留める位置を石膏ボードのキワぎりぎりにすると崩れますので、位置も重要です。

下地が木材の場合は、何年かすると木瘦せして断面が小さくなることがあり、そのような状態になるとビスが石膏ボードの表面から飛び出してしまうことがあります。ですからビス頭が少しめり込む程度にしたほうが無難です。

また、壁に取り付ける箱物、たとえばキッチンの吊戸棚・洗面化粧台のミラーキャビネットや、完成後に取り付ける予定の棚板などは、石膏ボードにビス打ちできませんので、あらかじめ取り付ける箇所に下地を入れておく必要があります。ただ、この下地を入れる際に間違いをよく見かけます。正しくは、石膏ボードを張る前に壁の中に下地を入れなければなりません。よく見かける間違いは、石膏ボードと同じ面に下地の木材を施工している現場です。

内部の天井と壁は石膏ボードで覆わないといけないわけですから、壁の表面に下地の合板や木材が見えるというのは間違った施工なのです。

電気が来ていないコンセント

竣工検査のときにはいろいろな箇所の検査をしなければなりません。普段何気なく使っている電気のコンセントも、そこに電気が通じていなければ役に立ちません。工事中、電気配線は電気工事業者がしますが、最近は家庭内ＬＡＮや通信設備など複雑な配線が増えてきています。信じられないことですが、なかには配線ミスにより電気が通じていないことがあります。

通常、竣工検査前に社内検査で通電確認をしますが、多くのハウスメーカーはこの検査を電気業者任せにしているのです。施主が自ら確認したい場合には、たとえば携帯電話の充電器を持参してコンセントに差し込んでみて電気が来ているかどうか確認することができます。

もうひとつは、照明器具とスイッチの関係です。リビングなどの広い部屋に間接照明を含めたくさんの照明器具を設けた場合、スイッチの系統を間違えることがあります。ついてほしい照明器具ではないものが点灯したりする場合は、当然系統を修正してもらわないとなりません。

照明器具は施主支給にすることも多く、竣工検査の時点で、器具がついていないこともありますが、その場合は器具を取り付けた時点で、必ず点灯確認をしておかなければなりません。

外部の門灯や庭園灯などは自動点滅スイッチにすることがありますが、光センサーの場合にそのセンサーの取り付け位置が悪いと一日中電気がつきっぱなしということもありますから、チェックをしておきましょう。その他テレビモニター付きのインターホンで、外部のテレビカメラの取り付け位置が悪いために顔が鮮明に映らないといったことや、インターフォンが鳴らなかったりすることがあります。

つまり電気・通信設備に関しては、すべての操作を引き渡し前に自身でして確認をしておく必要があるのです。

洗面ボールを満水にすると水があふれ出す……

洗面台に水を貯めたらあふれ出した！

最近の洗面化粧台はデザインがすぐれたものが多くなっています。また水栓もほとんどがシャワー水栓切り替えとなっています。

洗面台は、通常排水部分のポップアップを閉めて水をためて使用するケースは少ないと思います。しかし、なかには洗面台でハンカチや子供の靴下を洗うケースもあるようです。洗面台の水を出しっぱなしにして洗面ボールいっぱいに水がたまったとき、洗面台はオーバーフロー（排水口）から水が流れ出し、水があふれ出ない仕組みとなっています。

しかし、このオーバーフローの排水量が

不足して水があふれ出してしまう洗面台が多いことに驚かされます。竣工検査の際に必ずこの検査をするのですが、50％くらいの確率で水があふれ出してしまいます。特にシャワーを出しっぱなしにするとあふれるケースが多いようです。

たまたま新居に引っ越したかたが、水を出したまま洗面ボールでベビー用の衣類を手洗いしていたときのことです。宅配業者が来たのでそのまま玄関まで行き、宅配業者と数分間やり取りをして洗面所に戻って見たら、床が水浸しになってあわてたということでした。その他にも、電話で長話をしていたりして水浸しになったという話もよく聞きます。住宅設備機器メーカーに問い合わせると、彼らの対応は異口同音に「洗面ボールを満水にして利用することは考えていません」ということになります。

ではなんのためにオーバーフローがついているのかと言いたくなります。真偽のほどはわかりませんが、水があふれたというこのようなクレームは、メーカーには届いていないとのことです。洗面ボールを満水にして使用する場合はくれぐれも注意をしていただきたいものです。

全部引き出せないボトルラック

竣工検査では、思わぬところに不具合があるので気をつけましょう。住宅設備機器にはいろいろなものがありますが、ここではシステムキッチンと洗面化粧台回りでよく見かける不具合を説明いたします。

システムキッチンは、下台のユニットを並べて壁にビスで取り付け、その上にワーキングカウンターを載せて作ります。よく問題になるのは壁際の扉や引き出しですが、ここでお話をするのはボトルラックが壁際にあった事例です。

キッチンは下台のユニットを並べると言いましたが、壁との間に隙間を設けないで設置したボトルラックの場合は、手前に引いてみると途中で壁についている換気用の吸気ガラリのカバーにぶつかってしまい、全部を引き出すことができませんでした（145ページ写真参照）。

皆さんはなんでこんな施工になるのだろうと不思議に思うでしょうが、システムキッチンはキッチン屋が施工し、吸気ガラリは電気業者が取り付けます。この事例ではキッチン工事が完了したのち電気業者が吸気ガラリを取り付けたのでしょうが、それぞれの業者は自分のなすべき仕事だけをして現場を引き上げてしまいます。つまり後から吸気ガラリを設置した電気業者は、自分の仕事だけをしたらボトルラックを引き出すこともなくそのまま終わりとしてしまったのです。

本来は工事監督が最終チェックをすべきですが、ほとんどの現場でこの最終チェックが行き届かないので、第三者の検査が入ってはじめて指摘を受ける結果となります。

設計の段階でもチェックをしていません。きちんとチェックをする設計者であれば、ボトルラックと壁の間にフィラー（隙間調整材）を設けて、ボトルラックが壁から20ミリ前後離れるように設計します。

洗面台でも同じようなことが起こります。洗面台のミラーキャビネットの鏡を開けたらタオル掛けにぶつかって鏡が破損する恐れがあったり、洗面台の下の引き出しを開けたらドアの枠にぶつかってしまうなど、これではなにも考えないで作っているとしか言いようがありません。


窓を開けたら照明器具にぶつかる？

最近のサッシは「引き違いサッシ」以外に開閉の仕方がさまざまな形になっています。特に、外側に押し出したり回転させたりするサッシでよく見かける事例を説明しておきましょう。

換気用の吸気ガラリにぶつかるボトルラック。信じられない施工だ

サッシを回すと照明器具にぶつかる

まず「縦スベリサッシ」といって、外側に押し出す動きをするサッシですが、サッシを全開したら境界のブロック塀に当たってしまったり、玄関横についている同様のサッシを開けたままにしておいた状態で、玄関ドアを思い切り開けたらそのサッシとぶつかったなどということがありました。思わず笑ってしまったのは、外側に開くサッシなのに面格子があるために、面格子にぶつかってサッシを開けることができないといった間抜けな施工です。

また、危険な事例としては、玄関ポーチから門まで高低差があるために10段ほどの階段があるお宅で、ちょうどその階段側に外に突き出すサッシがついており、サッシを全開にしておくと、階段を上ってきたお客様が頭をぶつけてしまったこともありました。

輸入住宅メーカーでよく見かける、縦に回転する木製サッシでも事故がありました。このサッシは重くて回転するときに勢いがついてしまいますが、ちょうど開けたときに外側の壁についている照明器具とぶつかってしまい、照明器具が破損してしまったのです。

竣工検査のときに、サッシの開閉機能検査をしていればこのような不具合はあらかじめチェックできるはずですから、ただ単に検査をしてないのでしょう。

圧着しにくい３００角タイル

玄関やポーチの床は、タイル張りがハウスメーカーの一般的な仕上げのようです。タイルと一言で言っても大きさや材質など多岐にわたりますが、３００ミリ×３００ミリの大きなタイルの場合には下地のモルタルに注意しないと、タイルの浮きが発生します。

タイルは焼き物ですから見た目が平らに見えても、実はまっ平らではありません。ちなみにガラスなど平滑面の上にタイルを置いてみるとよくわかりますが、どこか角を指で押すと「カタカタ」というはずです。

床タイルの施工は、コンクリートの床の上に下地のモルタルを塗って、モルタルが乾かないうちにタイルを並べ、目地《めじ》モルタルを詰めて完了となります。このとき木槌などで軽く叩きながらタイルがモルタルになじむようにするのですが、モルタルの塗りの厚さが薄かったり、タイルの歪《ゆが》みが大きい場合には、タイルの裏側（モルタルと接着する面）に空気層ができてしまいます。そのままにしておくと、やがて目地にヒビが入ってそこからタイルの裏側に水が浸入してしまい、最悪の場合にはタイルがはがれたりします。また浮いているタイルに重い重量物で衝撃を与えると、割れてしまう恐れがあります。

タイルの浮いている箇所を確認する方法としては、たとえばドライバーの柄《つか》のほうでタイルを一枚ずつ軽く叩いてみて、コンコンと軽い音がするかどうかを見ます。軽い音がした箇所は間違いなく浮いていますので、張り替えてもらうようにしましょう。

住宅には台所・洗面所・浴室・SK（洗濯流し）・外部散水栓など、当然のことですが給水栓がたくさんあります。その水栓で特に問題が多いのがSKと外部散水栓です。

SKは深さが深く、その用途は洗濯物の下洗いの他、子供の長靴を洗ったり泥つき野菜を洗ったりと用途は広いですが、水栓の取り付け位置と、首の長さを間違えるととんでもないことになります。洗い物をしているときに水栓は正面に向けて使用しますが、そのまま水栓を横に振ったときに、水栓の首が長すぎると吐水口がSKから飛び出してしまい、水が床にジャージャー流れるということになってしまうのです。SKの大きさも数種類ありますが、ハウスメーカーでは水栓を自動的に決めていることが多く、SKの種類によってはミスマッチになることに気がついていないようです。

水栓の取り付け位置も注意が必要です。通常はSKの正面から見て真ん中に設置しますが、構造上の問題・配管上の問題で、真ん中からずれて設置しているのを見かけます。たとえば正面から見て水栓が右寄りについていれば、水栓を右に振りまわしたときに、吐水口がSKから外れてしまうのは容易にわかるはずなのに、竣工検査で指摘することがよくあります。水道業者も現場監督もそのスキルが低いと、信じられないような施工をするので注意しましょう。

第5章　引き渡しが終わるとすべては後回し

ダメ直し工事って？

建物が完成すると施主の竣工検査が実施されます。当然ですが施主検査の前に、ハウスメーカーの竣工検査は実施されていなければなりません。しかし、その後の施主検査のとき、必ずしもハウスメーカーの社内検査でダメが出た部分の補修が完了していないことがあります。

施主検査では、サッシやドアの開閉機能・住宅設備機器の確認（キッチンや洗面所、お風呂の満水試験・便所の排水試験・照明器具のスイッチ確認・コンセントの通電確認など）、そのほかにも汚れや傷などの指摘が出ます。

これらの検査で指摘した不備な部分を「ダメ直し工事」と言います。このダメ直し工事をすべて完了し、もう一度確認をして不備がないかどうかを見極めてから建物の引き渡しを受けるのが、大原則です。

ところが工期が厳しかったり、特にハウスメーカーの決算時期に引き渡しを受けるような場合は、ハウスメーカーはダメ直し工事がすべて完了しないまま引き渡しをしようとします。施主側に引き渡しを遅らせることができない事情がある場合は別ですが、ハウスメーカー側の都合で、決算期内に売り上げを発生させたいとの理由から引き渡しを受けてほしいということなのです。けれど、すべてのダメ直し工事が完了してから引き渡しを受けるようにしないと、後悔することが多いようです。

ダメ直し工事が引き渡し期限までにできないのは、当然ながら引き渡す現場が他にもたくさんあるからです。このような場合は、他の現場に関しても同様に、ダメ直し工事が未了のまま引き渡される現場が多いはずです。ということは、引き渡しを受けた後のダメ直し工事も遅れることを意味します。

また、引き渡しが完了すると工事担当者の感覚では終わったという意識になってしまい、どうしても完成作業が後回しになりかねません。このような事態にならないよう、どうしても未了部分を承知のうえで引き渡しを受ける場合、未了部分を項目ごとに写真に記録をして、それぞれのダメ直し工事が○月○日までに完了するという旨の覚書を必ず提出させることです。写真に記録するのは、ダメ直し工事が入居後であれば、引っ越し業者が荷物を室内に搬入する際に傷をつけるかもしれないからです。つまり、ハウスメーカーの不備による傷か、引っ越し業者や施主による傷かを、明確にしておく必要があるわけです。

さらに万全を期《き》すには、最終支払い金の一部を担保として保全しておき、ダメ直し工事がすべて完了した段階で支払うようにすることができればなお良いと思います。

引き渡しのときにもらう書類

ダメ直し工事もすべて完了し、いよいよ建物の引き渡しの日を迎えます。引き渡しは施主側は工事代金の最終支払い金を渡し、ハウスメーカー側は、鍵と引き渡し書類を提出します。

通常、引き渡し当日に最終支払い金をその場で渡すことはせず、引き渡し日の前日までにハウスメーカーに振り込みをするのが一般的です。

ハウスメーカーから提出する書類には次のようなものがあります。いずれも大事な書類ですから保管には気をつけましょう。

まず建物の登記に必要な書類は次のようなものです。大手ハウスメーカーなどは登記をハウスメーカー側で代行することが多いのですが、その場合書類はハウスメーカーが預かって、持ち帰ります。その際はハウスメーカーに預かり証を提出させます。

・建築確認通知書　（確認申請が許可になった際の申請書です）
・資格証明　（ハウスメーカーの代表者の氏名が記載された印鑑証明書）
・司法書士への委任状　（登記を委任する司法書士あて）

その他としては、次のような書類があります。

・鍵引き渡し証　（鍵番号と本数が明記されています）
・完了検査済み証　（行政の完了検査の合格証）
・建物保証書　（ハウスメーカーまたは第三者機関発行の10年保証書）
・設備機器等の取扱説明書　（設備機器メーカー発行の説明書）
・住まいのお手入れガイドブック　（名前はメーカーにより異なります）
・アフターサービス担当者および連絡先

この他に本来は提出させるべき書類があるのですが、ハウスメーカーによっては提出してくれないことが多いようです。

その一つが竣工図です。竣工図とは、設計図では表現できない部分を現場でどのように施工したか、また現場で変更した場合、その内容を含めて契約時の設計図を竣工図として残しておけば、将来改築や増築をする際に他の業者が施工する場合でも、施工方法が把握できます。

多くのハウスメーカーは竣工図を特別に作成していることはなく、設計図の製本に工事担当者が竣工図を書き加えて、その製本図を竣工図として社内で保管しているようです。できれば、その製本図のコピーを一部提出するよう要望したらいいと思います。

緊急連絡先も書きとめておきたいものです。

緊急連絡先とは、当該工事にかかわった、特に設備関係の業者の連絡先のことです。引っ越してから緊急を要する事故、たとえばお湯が出ない、エアコンが動かない、排水管が詰ったなどの不具合が発生したとき、ハウスメーカーの営業時間外の場合（往々にして時間外が多いのですが）は連絡が取れないことがあります。ハウスメーカーによっては24時間受け付け電話を用意している会社もあるようですが、いざ電話をしたら留守番電話ということが多いようです。

引き渡しのときは、引っ越しの整理や新しい家具や家電製品の段取りなど何かとバタバタしてしまうので、早めにハウスメーカーの担当者と引き渡しに関する打ち合わせをすませておくことも大事です。

すぐ手元には届かない登記済み証

建物が完成すると登記をする必要があります。登記の種類には表示登記・保存登記・抵当権設定登記などがあります。

はじめにするのが表示登記で、簡単に言えば「今まで更地《さらち》だった土地に新しく家が建ちました」という登記です。表示登記をしないと保存登記・抵当権設定登記もできません。表示登記をするタイミングは、自己資金だけで建築する場合は神経質になることはありませんが、住宅ローンを受ける場合は、保存登記・抵当権設定登記が引き渡し時に間に合うようにしないとなりませんから、足場が解体した頃に申請するのが一般的です。表示登記と保存登記は同時にもできますが、いずれもハウスメーカーの推薦する司法書士が手続きを代行することになります。

抵当権設定登記は、住宅ローンの借入先の金融機関が土地と建物に抵当権設定をしますので、手続きは借入先の司法書士が代行することが多いです。

いずれのケースでも、引き渡し時にはいわゆる権利証はできていません。司法書士が登記手続きをしておおよそ２週間後に届くことになります。

定期点検に来ない担当者

入居してからはハウスメーカーの担当者は、カスタム課やアフターメンテナンス課の担当者に変更になります。新築の家が引き渡し後、３カ月・６カ月・12カ月・24カ月（ハウスメーカーによりこのローテーションは異なります）点検を実施するとの案内があると思いますが、皆さんはその時期になればハウスメーカーのほうから連絡があって定期点検に来ると思うでしょう。

けれど現状はそうではありません。定期点検の時期が来たら施主側からカスタム課の担当者に連絡をして、日時を決めるのが一般的なようです。うっかりして連絡を忘れていると、いつまでたっても定期点検に来ないといった状況に陥ります。ですからカレンダーに定期点検の予定時期をマークしておいたほうがいいでしょう。

また引き渡し時期がハウスメーカーの決算期などで、引き渡しする住宅が多い時期は、定期点検時期も同じローテーションになるわけですから、カスタム課の受け持つ物件数も多くなってしまいます。引き渡し後3カ月・6カ月では大きな不具合が出ないのが一般的で、この段階で、たとえば雨が漏るとかいったような緊急対応が必要でない限りは、不具合部分を記録しておき、12カ月点検の際に一覧表を作成してクレーム対応をしてもらうほうがいいでしょう。

一般的に起こりうる不具合の一部を書き出してみます。

・壁や天井クロスのよじれや剥《は》がれ

1年を通じ室内の空気環境の変化（冷暖房や湿度）により、クロス下地が変形してクロスの合わせ目が開いたり、壁の入り隅がよじれたり、壁と天井のクロスに隙間ができたりといった現象が出ることがあります。特に吹き抜けを設けた箇所は顕著に出ると思います。

・床や階段の軋《きし》み音

木造系の住宅に出やすい現象ですが、床の下地が変形して仕上げ材との間に隙間ができることにより、仕上げ材と下地材とがこすれるような現象が起きます。また長期にわたり、部分的に重い家具などを置いておくと、テコの原理で床材の反対側が反《そ》りかえり軋むこともあります。

・床と巾木《はばき》との間に隙間が生じる

こちらも木造系の住宅に起こりやすい現象ですが、木材は時間の経過とともに木痩せをすることがあります。床を支える根太《ねだ》という梁の断面が小さくなることにより、床の仕上げ材と巾木との間に隙間ができることがあります。この現象は補修の方法がありません。最近ではこの隙間が発生しても、見た目にわからないようにするための工夫を施した巾木を採用しているハウスメーカーもあります。

・内部ドアがきちんと閉まらなくなる

原因はいろいろ考えられますが、ドアの枠の下地材が変形してきたり、冷暖房による変形などが考えられます。カスタムメイドで作ったドアは特になりやすいので注意が必要です。ドアメーカーが作っている、いわゆるレディーメイドのドアは、調整蝶番《ちょうつがい》といって蝶番のネジを緩めたり締めつけたりして微調整ができます。調整蝶番で対応できないほどの変形が生じた場合は、下地の変形が大きいか、ドアそのものの変形が大きいと思いますので、交換せざるをえなくなるでしょう。

長期修繕計画を立てよう

作り手側のハウスメーカーの意識としては、建物が完成し、引き渡しが完了すれば、仕事は終わったという感じですが、施主にとっては、建物が完成し、入居してからがスタートとなります。

営業段階では、外壁はメンテナンスフリーだとか、無垢材のフローリングはメンテナンスが楽だとか、いろいろとよい情報だけが提供されますが、住宅は長い年月そこで生活をしていく中で、季節ごとに外界の変化を絶えず受けていきます。

物には、やはり寿命があります。身近なところでいえば車がいい例でしょう。車には現行車検制度があり、ある意味で強制的に定期点検をして、劣化した部分を交換したりオーバーホールをしなければなりません。車検を受けたうえで、日常気を使って使用していけば、相当な年月にわたって安全に運転ができます。

住宅も同じですが、車検のようなものはありません。ですから施主自身が意識を持って維持修繕をしていかなければなりません。そのためにも長期修繕計画を立てて新築後、たとえば5年ごとの修繕項目をリストアップしておき、そのための修繕金を毎年積み立てておくことをお勧めします。

機械製品には当然、寿命があります。たとえば給湯器・エアコンなどは永久に使えるものではなく、時期が来れば修繕するか交換せざるをえません。外部についても、外壁そのものはメンテナンスフリーの材料を使用しても、サッシの周りや換気扇など、外壁を貫通している箇所には必ずコーキングがされています。コーキングも永久に持つものではありません。その他、金属製（特にスチール製品）は錆も必ず発生しますし、塗装も年月を経過すればはげてきます。

一般的な住宅では、10年目で２００万円前後の修繕費がかかると考えておけば、その後の建物の寿命は大幅に延びていくと思います。建物の引き渡し前に、この長期修繕計画をハウスメーカーに提案させるといいでしょう。

第6章　土地や建売住宅を買うときの問題点

建築条件付き売り地とは？

昭和の時代の終わりを迎える頃にピークとなったいわゆるバブル景気のとき、不動産は短期間に異常な値上がりをしました。多くの投資家や個人の人でも土地ころがしをして儲けようとした時代でした。住宅地もご多分にもれず、信じられない値上がりをしてしまいました。

このような土地ころがしを制限するためにいろいろな税制改正が行なわれたのですが、そんな中で一番厳しい改正が、短期間で土地を売却した際の、値上がりによる利益に対して95%の税金をかけるということでした。短期間で土地ころがしをしても、実質的には儲けはなくなったわけです。

そんなときにはやり出したのが、建築条件付き売り地です。土地を短期間で転がしても儲けがなくなるので、その代わりに建築費の42%まで経費として損金処分できるという税制の特例があったことに目をつけた業者が考え出したのです。いまではこの税制の特例は廃止となっているので、税金の面からのメリットはあまりありません。それでも建築を自分の会社で間違いなく受注できるということで、依然として建築条件付き売り地が多いのです。

建築条件付き売り地の場合、公正取引法の規定で停止条件が入ることがあります。その停止条件とは、土地の契約後３カ月以内に建築請負契約が成立しない場合は、土地の契約は白紙解約となるということです。ところが、土地を気に入ったかたはどちらかといえば売り主側の要求に従わざるをえないといった心理状況になり、この停止条件が守られないことが多いようです。逆に３カ月以内に建築請負契約をしないとならないということで、間取りや外観の決定を急がせてしまい、「とりあえず３カ月以内に請負契約をしてから、じっくりと打ち合わせをしましょう」といったアプローチをしてくる業者もあります。このような場合、契約後に細かな要望をすると建築費が予想外に上がってしまい、追加金額を請求されることが多いので注意しましょう。

中古住宅購入時の注意点

中古住宅付きの土地を購入する場合は、大きく分けて２通りの考え方があります。

一つは中古住宅を取り壊して更地にしてから新築をするという考え方。もうひとつは増改築を含めリニューアルをするという考え方です。

中古住宅を取り壊して、更地にしてから新築をする場合の注意点から説明しましょう。売り主側で解体工事をして更地を渡す条件であれば、当然解体工事費が土地の価格に上乗せされています。解体工事費は業者によってかなりの価格差があります。荒っぽい業者が行なうと、たとえば解体したガラをそのままにし、その上に盛り土をして表面上はきれいに整地されているかの如く見える状態で終わらせる、といったこともあります。このような状態では、新築工事の際に、ハウスメーカーから地中障害撤去費用を請求されてしまうことになります。

また、基礎を解体した際に地盤をそっくり取り除いてしまい、地盤が低いままで解体を終わらせてしまう業者もいます。このようなときは新築時に盛り土をしなければならず、その工事費の負担をする羽目になるわけです。

このようなことがないよう、解体工事に立ち会うくらいの慎重な行動が必要となります。現状渡しで解体工事を買い主側で行なう場合は、新築工事を依頼するハウスメーカーが決まるまではそのままにしておいてもかまいませんが、新築までに少し時間がかかり、先に解体をする場合、解体工事業者は自分で探して依頼をすることになりますが、解体工事が完了したときは滅失登記をしておかなければなりません。この登記をしないと登記簿上はずっと解体した建物がそのまま残っていることになってしまうので注意しましょう。

一方、中古住宅を解体せずに増改築をする場合の注意点としては、まずその建物の建築確認済み証・完了検査済み証があるかどうかを確かめておきましょう。

完了検査済み証がない事例が多いのでやむをえない場合もありますが、建築確認済み証は最低限その有無を確認して、ない場合はその物件を購入しないほうがいいと思います。なぜなら合法的に増改築ができない恐れがあるからです。

さて実際にリフォームをするに際し、建物が建築後、何年経過しているかによって費用が大きく変わることになります。もっともこれから述べることは、構造耐力上はまったく問題がない建物が前提条件であることを忘れないでください。

一つの目安としては建築後20年以上経過しているかどうかです。20年以上の場合、外部回りでは屋根材（もちろん使用している材料にもよりますが）の劣化が進行しているので葺《ふ》き替えが必要となります。またコーキング材（窓回り・サッシ回りなどのいたるところに使用されていますが）も劣化が進行しているので同様です。設備関係では、給湯機・空調機は、間違いなく交換となるでしょう。

リフォームで一番難しいのは予算管理だといえます。既存建物の状況が、いざ工事に入って壊してみたら想定外の事態になっており、思わぬ追加工事が発生する可能性があるということです。あるリフォーム会社は定額方式で、現場に入ってから追加はありませんというのが謳い文句ですが、実際に施工している業者は現場で不具合が発覚しても、元請けから追加工事を認められないのでそのままにして工事を進めてしまう事例が多いようです。

リフォームを考えたうえで中古住宅の購入を検討するときは、安全を考えればその建物の新築時の図面・建築確認済み証・完了検査済み証などが保管されていないと心配です。さらにその後の保守点検記録や修繕記録が保管されていれば、取得する方向で検討してもよいでしょう。

ミニ開発建売の注意点

いわゆるミニ開発とは、都市計画法上の開発行為に抵触しない広さの土地開発をして分譲する形式のことです。行政区により指導要綱が異なりますが、おおむね500平方メートル未満の土地を数区画に分筆《ぶんぴつ》し、土地の形状によっては敷地内に道路（私道になりますが）を設けます。

この場合、道路は公道ではなく私道ですから、道路は区画数に応じて私道負担が生じます。また道路の維持管理は私道負担者が自ら行なうことになり、この維持管理で将来所有者同士がトラブルを起こさないよう協定を結んでおく必要があります。

多くのミニ開発は、数棟の建物を同時に建築することで仮設工事費（仮設便所・足場など）のコストダウンを図ります。

ここで問題となるのは、ミニ開発区画内の隣棟間隔で、多くは民法第234条の「隣地境界線から有効で50センチメートルの距離を保つ」という規定に抵触するものがほとんどです。これは設計の段階で建蔽率・容積率ともに限度いっぱいに同時に建築することにより、2棟の間に本来は別々の足場を設置するところを兼用足場ですませてしまうから、境界線から建物の外壁までの有効距離が30センチメートル前後になってしまうことが多いのです。

分譲時に購入した人はそのことを了解のうえ購入しているので、あえて問題にすることはないようですが、隣地のかたが売却して新しい人が所有したようなとき、たとえば将来、建て替えの時期にその隣地のかたが自分の家のことは棚に上げて、民法234条を引き合いに出して50センチの有効距離を主張してもめることもあるようです。

仮に民法234条を主張されない場合でも、お隣りとの間に設置する足場が自分の敷地内で設置できないことになり、足場を設置する際にお隣りの同意を得る必要があります。お互い様ですからと言ってくれる、好意的なかたばかりではないので、トラブルになることも多いようです。

また、空調機の室外機や給湯機を隣地側に新たに設置しようにも、自分の敷地内では設置できないことが多く、設置場所が限定されることもあります。その他のトラブルとしては、お隣りのトイレの排気ダクトや台所の排気ダクトが、自分の家の吸気口の目の前に位置して、臭気が家の中に充満することがあるので、このあたりの事前チェックも必要です。

地域の特性も調べて、最低でも3回の現地確認を

土地や建売の購入の検討をスタートさせ、いよいよ現地を確認に行くとき、はじめは不動産仲介会社の営業マンが同行します。営業マンの車で案内されることが多いのですが、車の案内だと最寄り駅から現地までの環境がわかりません。ですから必ず営業マン抜きで最寄り駅から徒歩またはバスで現地までのルートを確認しておくことが大事です。

現地確認は何度行なっても悪いということはありませんから、平日、祝祭日と曜日を変えて見に行って、朝の通勤時間帯や夜の周りの環境などもチェックしておくべきでしょう。平日の昼間の時間帯に案内されて、閑静な住宅街という印象のままで契約をして、いざ引っ越してみたら朝の通勤時間帯は目の前の道路が抜け道で車の往来が激しくて、「しまった！」と後悔しないためにも、大事なことです。

私は今までに、引っ越してから「しまった！」と後悔した事例をたくさん聞いています。

いくつかの例を挙げておきましょう。

・雨の日にお隣りの急勾配の屋根の樋《とい》が役に立たず、わが家の外壁やサッシに雨が流れ込んでくる
・近くに救急病院があり、夜間に救急車のサイレンの音が鳴り響く
・近くの貨駐車場の車の出入りのときのブザーの音がうるさい
・夏には気がつかなかったが、裏の家の落葉樹の落ち葉の量が半端ではなく、毎日落ち葉の掃除が大変
・坂道に面しているので、夜間に車が坂道発進するときに騒音がひどい
・シーズンになると、近所で飼っている猫の鳴き声で悩まされる
・夕方になると鳥の大群が近くの神社に集まり、糞の被害に悩まされる
・早朝からカラスの集団の鳴き声がうるさくてたまらない
・風の強い日には、近くを流れる川からの異臭が漂う

などなど、数え上げればきりがありません。

ではこのように「しまった！」と後悔しないためにはどうしたらいいのでしょう。

まずは曜日時間帯を変えて見に行くのは当然のことですが、ご近所のかたを訪問して環境をヒヤリングすることも大事なことです。この場合、そこに長く住んでいそうな比較的古いお宅に手土産持参で訪ねて、忌憚《きたん》のないお話が聞ければ大成功。また、その土地の行政区の住民課などに行き、その地区の環境を調べることも役に立ちます。

不動産業者の営業マンはなるべく早めに話を詰めようとしますから、お客さんの下調べをする時間を与えないようにします。そんなときの彼らの殺し文句は、「早めに契約の意向をお聞かせいただけない場合、すでに次のかたが購入を検討されておりますので○○日までに結論をいただけるでしょうか」というものです。次のお客さんがいるかどうかの真偽は定かではありませんが、このトークに惑《まど》わされることなくマイペースで検討して、他のお客さんに決まってしまった場合は、この物件とは縁がなかったというくらいの慎重さがほしいものです。何せ高い買い物ですから。

重要事項説明書とは？

宅地建物取引業法では、宅地・建物の売買契約を行なう場合、物件と取引についての重要事項の説明をしなければならなくなっています。また重要事項を説明するとき、専任の宅地建物取引主任者証を提示しなければなりません。

不動産の売買契約の際に、契約書には物件の法的な制限など細かな内容については明記されておらず、この重要事項説明書にすべて記載されているのでとても大事な書類です。記載されている項目は以下のとおりです。

①登記に関する内容

・所有者と契約者が一致しているかどうか

・地目《ちもく》（登記上の土地の種別）が記載されており、たとえば農地などは宅地とする場合に特別な許可が別途必要になります

・抵当権の設定の有無。抵当権が設定されているときは所有件移転時に間違いなく抹消できることを確認しておきます

・公簿面積が明記されていますが、まれに実測面積と異なることがあるので確認しておく必要があります

②土地や建物の建築制限

・都市計画法で規定されている建蔽率・容積率の確認

・都市計画法の市街化調整区域の場合、既存宅地・農業後継者などの特殊事情がないと

家は建てられません

・建築基準法上の制限。防火地域・高度地域等の制約があります

・その他、地域の建築協定などの特殊事情があるかどうかを確認します

・中古住宅の場合、建築基準法上、既存不適格であるかどうか確認します

③道路に関する内容

・公道か私道かの別。道路の幅員

・私道の場合の建築制限の有無、また持ち分比率の確認。水道・ガス等の掘削承諾の有無。工事車両通行承諾の有無などを確認します

④ライフラインの確認

・上下水道が前面道路に埋設されているか、また敷地内にすでに引きこみ済みかどうか確認します

・水道管の口径を確認します。計画する建物の給水栓の数により口径が不足する場合は引き込み直しが必要です

・電気、ガスも同様に確認をします

その他、重要事項説明書には、取引にかかわる細かな内容が記載されています。また特記

事項として、買い主が将来不利になるようなことがあれば、すべて明記しておく必要があります。

不動産仲介業者は契約当日に重要事項を説明しようとしますが、専門的な内容が多く、その場ですべてを理解するのは困難ですから、契約前に必ず提出させ熟読し、わからない点は納得できるまで説明をさせる必要があります。

第7章　インスペクションでの信じ難い出来事

配置を間違えていても気がつかない現場監督

住宅建設に着工して一番初めにする作業は、配置の決定です。現場用語では地縄《じなわ》またはやり方といって、設計図の配置図に記入されている寸法どおり敷地内に配置可能かどうかを現場で確認することになります。

では、配置の基準はどう決めるのでしょうか？　敷地境界または道路境界の交点を基準とし、設計図には基準点から建物の外壁の通り芯（一般には外壁の中心線）までの配置基準寸法が明記されているので、図面の指示どおり現場で位置決めをすることとなります。この基準点を間違えると、当然配置は図面とは異なる配置になり、とんでもないことになります。ですから慎重を期して確認しないとなりません。

この作業は基礎業者が現場で作業し配置を決めています。そしてハウスメーカーや工務店の工事担当者（現場監督）は、配置が正しいかどうかを確認することになります。配置を間違えるなんてことはないだろうと皆さんは思うでしょうが、過去のインスペクションでも数件の配置間違いを指摘しています。どのようなときに配置間違えをしやすいか説明しておきましょう。

敷地の形状が真四角であれば間違いようはありませんが、現実に建築する多くの敷地は真四角な敷地は少ないのです。そしてすべての敷地境界に境界を示す杭《くい》やプレート・鋲《びょう》といったものがあればいいのですが、ない敷地も多数あり、お隣りとの塀の中心や塀の内側だったりする境界のはっきり明示されていない敷地も多くあります。ここで紹介するのは、大手不動産が開発した分譲地内に新築する現場です。東南の角地に位置し敷地の形状は道路が交差する側は4分の1円状になっており、そこには境界杭が16箇所もあります。

この現場は、大手ハウスメーカーの設計施工ですでに上棟まで完了しておりました。施主は構造体の出来具合が素人《しろうと》が見てもおかしいということで、私にインスペクションの依頼を急遽してきました。実は構造体の出来栄えはそれほど悪くはなくて施主も一安心したのですが、念のため配置の確認をその場でしたところ、なんか変だな！　と感じました。

設計図では、北側の境界線に平行に９００ミリで配置をしなさいという図面表記がしてあります。念のため境界杭を西南の角から確認していくと、本来は16個目の境界杭までが敷地なのですが、なんと17個目の境界杭を本敷地の境界として配置をしてしまっていたのです。16個目と17個目の境界杭の間隔は６００ミリくらいで、その結果として軒先が北側の敷地に越境をしてしまっています。このままでは建築確認通知書とは合致しませんし、お隣りに軒先が越境するというとんでもない事態ですから、工事担当者は真っ青です。当然のことながらすべて取り壊して始めからやり直すことになりますが、施主は呆然自失です。

なぜこのようなことになったのでしょう。たくさんある境界杭の確認を基礎業者が怠ったこと、さらに工事担当者も緊張感を持って確認をしなかったこと、そして北側の敷地は更地で所有者は関西地区在住のかたで現場にも来ていないこと、などが重なって起きた不祥事です。

地下室のコンクリート工事が完成したけれどヒビだらけ

かなり広いオーディオルームを地下室に考えたHさんから面談の申し込みがあったのは、9月になってからでした。

Hさんは大手ハウスメーカーに自宅の建築を発注し、すでに地下室のコンクリート打ちが完了した段階で相談に来られました。相談内容は、素人が見てもコンクリートの出来上がりが良くないので、一度専門家に現場を見てもらいたいということでした。さっそくハウスメーカーに連絡を取ったところ、現場はまだ型枠を解体していないので、型枠を解体してからのほうがいいでしょう、ということで2週間後に現場立ち会いをすることになりました。

現場に出向く前に設計図を一通り見ましたが、地下室だけでおおよそ20坪くらいあり、ド

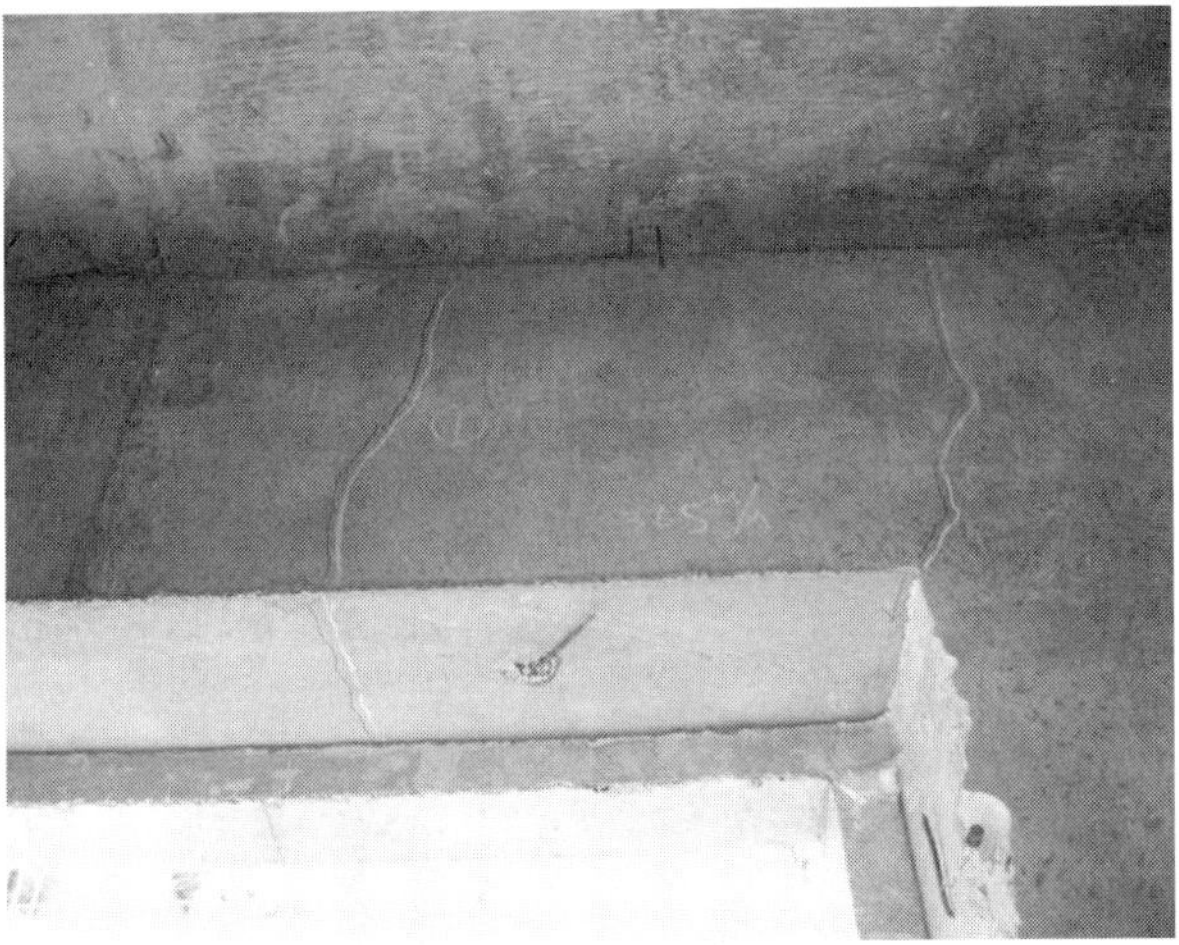
ヒビだらけの地下室のコンクリート

ライエリアも２カ所設けており、設計上は特に問題となるようなことはありません。ただオーディオルームということで天井の高さが３メートルで、地下の床から１階の床までの構造体の高さが３・５メートルあり、壁のコンクリートを流し込むのを慎重にする必要があるのではと思いました。
　さて、Ｈさんと同行しハウスメーカーの工事担当者同席で現場を調査することになりましたが、すぐにおかしいと感じたのは壁のコンクリートの打ち継ぎです。壁の高さが３・５メートルもありますから、コンクリートを一気に流し込むことはできませんので、必ず打ち継ぎ箇所が出ます。この場合、打ち継ぎ面は、地下室の部屋内部から見てゆるい傾斜になるのが普通ですが、この現場の打ち継ぎ面はかなり急な角度になっています。

生コンクリートは真夏の時期に流し込んでおり、どうやらミキサー車の配車手配がうまくいかなかった恐れがあります。慎重にコンクリートの面を調査すると、なんといたるところにヒビが入っています。しかもそのヒビは地下床面から天井面までつながっています。まさかと思いましたが、外部の露出している部分も調査すると、どうやらヒビは貫通していることがわかりました。

また、ドライエリアに面しているサッシ上部の梁《はり》には、中央に縦《たて》に貫通したヒビが入っています。この段階で、もうこのコンクリートの打ち方は間違っていたとわかりましたが、もう少しくわしく観察すると、ジャンカを発見しました。

ハウスメーカーの工事担当者の了解をもらって、その部分を少しハツリ（壊わすこと）ました。するとすぐにスペーサーが横に使われているのが確認できました。スペーサーとは、鉄筋のかぶり厚さ（コンクリート表面までの間隔）を確保するために、鉄筋にひっかけて型枠との間に必要な間隔を保つための円盤状のものですが、本来は縦に使います。横に使うとこの円盤状の面に砂利が引っかかり、その下部分に空隙ができるからです。

まさしくこの現場は、間違った施工をしていたのです。

ひととおり調査をしてわかったことは……、
・外壁にヒビが20カ所以上あること
・梁の中央部に貫通したヒビがあること
・スペーサーの使用方法が間違っていること
・コンクリートを流し込む際の時間管理を怠っていること
以上のことから、構造上大きな問題があることがわかったわけです。このことを踏まえて、このコンクリートは施工方法を間違えたうえに構造上大きな問題があるので、解体してやり直しをする必要があるとの申し入れをしました。

ハウスメーカーはその非《ひ》を認め、こちらの申し入れどおり工事のやり直しをすることになりました。もちろん費用はすべてハウスメーカー負担であることは当然で、施工業者も変更してもらいました。

ハウスメーカーの地下室工事の大半は下請け業者任せで、下請け業者の選択を間違えるとこのようなとんでもないことが起こる可能性があるというのが、おわかりになったと思います。

玄関ポーチの土間コンクリートが宙に浮いている!

木造在来工法の大手ハウスメーカーに発注したNさんの場合、上棟検査からインスペクションを開始することになりました。

途中からの検査なので、配置が正しいかどうかをいちおう確認したのち、次の項目を順次検査していきました。

・屋根野地合板の釘打ち
・構造金物の設置状況
・外壁合板の釘打ち
・床合板の釘打ち
・構造材が設計図と合致しているか
・構造材と合板の含水率測定

これらの検査で是正項目がかなりあり、次回是正完了時の確認をすることになりました。そして最後に念のため、基礎も目視《もくし》で確認したのですが、どうも玄関ポーチの土間コンクリートと本体基礎との接点の肌別れが大きいなと感じたまま、その日の検査はそこで完了となりました。

空隙ができた玄関ポーチ土間のコンクリート

2週間後、上棟検査で指摘した是正箇所の完了確認の検査に出向き、ひととおり是正事項は完了したことを確認。そういえば前回気になった玄関ポーチの土間コンクリートはどうなっているかと再度確認したところ、なんと肌別れが前回より大きくなっているではありませんか。

玄関ポーチと土間コンクリートの土に接している部分をよく調べることにしました。現場に転がっていた鉄筋棒で、土間コンクリートの下を探ってみたら、なんと鉄筋棒はスルスルと奥まで入ってしまったのです。そこで土間コンクリートの下を穿《うが》ってみると、そこには砕石《さいせき》はなく、土の上にそのまま土間コンクリートを流し込んでしまった様子がわかりました。

　この敷地は道路から1メートルほど高く、外構工事は本体工事完了後にブロックで階段を作る予定とのことでしたが、工事中に何度か降った雨で道路側に土が流れ出し、土間コンクリート下の土も同時に流れ出し、結局土間コンクリートは宙に浮いた状態となってしまっていたのです。何とも杜撰《ずさん》な工事で、あいた口がふさがりません。

　土間コンクリートの下は砕石を敷きつめて十分に転圧《てんあつ》をし、本体基礎の立ち上がりに土間コンクリートの鉄筋を飲みこまさなければならないのに、砕石は敷きつめておらず、転圧もせず、おまけに土間コンクリートには鉄筋も入れていないという信じられない方法で施工をしてしまったのです。工事担当者は下請けに任せきりで、なにも指導監督をしておらず、私の指摘ではじめて現状がどうなっているかを理解したというお粗末さです。

　当然ですが、土間コンクリートは取り壊し、基礎の立ち上がりにアンカーを打ちこみ、砕石を敷きつめてやり替えさせたのは言うまでもありません。しかも、この工事担当者はその後の断熱施工で断熱材の厚さの間違いを指摘されたということですから困ったものです。

　堪忍袋の緒《お》が切れた施主は、工事担当者の交代を要求し、その後は毎週私の検査が入るという状況になってしまったのです。

上棟したら2階の床下地が図面と違うことが発覚

鉄鋼系大手ハウスメーカーに発注したＫさんは、上棟した段階で相談に来られました。聞けば契約時に説明を受けた内容と現場が違うのではないかと不安になり、工事担当者に間違っているのではないかと指摘したら、「図面どおりに施工していますから間違えていませんよ」と説明されたそうです。素人ではわからないので一度現場を確認してほしいとのことでした。

何が違うのかというと、２階の床下地です。契約時にはＡＬＣ版（軽量発泡コンクリート版）と説明を受けていたのに、２階の床下地を施工している段階で現場を見たら、ＡＬＣ版ではない材料に思えて仕方がないということです。

とにかく現場を確認しないとなんとも判断がつきませんので、Ｋさんとハウスメーカーの工事担当者同席のうえで現場確認をすることになりました。その際にＫさんには契約書を持参するようお願いし、約束の日に現場で確認をしてみると、契約書の仕様書には2階の床下地はたしかにＡＬＣ版と明記されています。さっそく確認すると、なんと床下地はＡＬＣ版ではなく木製の床パネルになっているではありませんか。明らかに契約書とは違うのです。

工事担当者にその旨を確認すると、工事担当者はあくまで図面どおりだと主張します。そこで工事担当者の持っている図面を確認すると、驚いたことにその図面の仕様書は木製パネルと書いてあるではないですか。

なぜ両者の持っている図面が異なるのか不思議でしたので、契約書の見積書を細かく見ると、そこには2階の床下地はALC版と記載され、単価もALC版の単価になっています。

工事担当者にも確認してもらうと、それまで不満げに口をとがらせていた彼の顔は真っ青になりました。契約時の図面と現場施工の図面が明らかに違うのです。工事担当者はその場で会社の設計部門に電話をしたのですが、その場ではなぜこのようになったのかがわからないということなので、日を改めてこちらから会社に出向いて説明をしてもらうことになりました。

ところがその晩、工事担当者の上司からKさんに電話が入り、構造上はまったく問題ないので現在のまま施工を進めさせてくれないかと言うのでした。ただし価格は減額になるので、その分最終支払い時に減額させてもらうことでお願いしたいとのことでした。

Kさんは納得できず、とにかく私と一緒に会社に出向き、納得できる説明を受けたいと言うので私は会社にKさんの意向を伝えました。会社に出向くと、そこには工事部長・設計部長・担当営業マンがそろっており、まず工事部長から改めて「現在のまま施工を進めたい」

との話が切り出されました。そこで、私のほうから「その前に御社からKさんに謝罪をし、なぜこのようになったかの説明をするのが先ではないですか」と切り返すと、慇懃《いんぎん》無礼に謝罪をしましたが、「構造上は問題ないので」と繰り返して言うだけでした。あきらかにその場に同席している社員だけで問題を解決してしまいたいとの意向を感じたので、支店長に参加してもらうことにしました。

案の定、支店長には報告されておらず、Kさんも「信頼関係が損《そこ》なわれてしまったので、すべてやり替えてほしい」と申し入れをしました。支店長もさすがに隠ぺいしていたことを詫びて、基礎完了の段階からやり替えるとの確約を取り付けることになりました。

組織で働く人は、自分の社内での立場を優先しがちですが、まず第一には施主のことを考えるべきではないかと思います。この件はまさしく組織内の隠ぺい体質が露見した事例です。

排水管が土台を切断、土台のアンカーボルトが役に立っていない建売

Uさんは、東京の城南地区ではデザイナーズハウスブランドとして年間かなりの建売住宅を分譲している会社の建築条件付き売り地を購入しました。設計段階では満足度はかなり高かったようですが、現場に入ってから施工に問題があるのではないかと不安を感じて、上棟段階で相談に来ました。

何枚かの写真を持参してきましたが、写真を見て驚愕しました。とにかくこのままでは構造上大きな支障が出るので、「早急に現場確認しないといけません」とアドバイスをして、数日後現場に向かいました。

建物は1階が鉄筋コンクリート造、2・3階はツーバイフォー工法ですが、現場に着いて信じられない施工をしているのに驚きました。大きな問題点は、

〈現象〉排水管が土台を貫通し、いたるところで土台が切断されている。

〈原因〉2階床下の懐（空間）がないために設備配管スペースのない設計となっている。

〈現象〉アンカーボルトの芯ずれが大きく、ワッシャーが土台からはみ出し切断されている。

〈原因〉コンクリート打ちこみ時のアンカーボルト位置の間違い。

上記以外にも多くの問題がありますが、ここでは割愛させていただきます。この会社（建設業なのか不動産業なのかわかりませんが、私には商社に感じられました）の設計は、外部

の設計事務所に外注しており、設計段階でのミスを精査しないままに着工してしまっています。職人たちは自分の仕事のことしか考えず、構造上の安全性などはいっさい無視をして工事をしてしまっているのが実態だということがわかりました。

Ｕさんには、「このままでは危険なので、最低限構造上の補強をしないと、とんでもない家になります」と説明しましたが、Ｕさんはそれほど事の重大さを認識しておらず、補強方法を指示してくれれば補強させて工事を進めるしかないとの判断をされてしまいました。

やむをえず補強方法を大工・設備業者に指示しましたが、補強工事完了時の確認はさせてもらえず、写真提出だけですまされてしまいました。

本来はすべて取り壊しをして、ゼロから工事をやり直しすべきなのですが、Ｕさん側に入居時期を遅らせることができないという事情があり、それ以降の工事に関しては検査することはなく竣工検査だけ実施しました。竣工検査でもダメ直し工事はいたる箇所にありましたが、入居日が迫っており結局住みながらダメ直し工事を進めていくという最悪のパターンとなってしまいました。

子供世帯の夕食メニューが親世帯にわかる2世帯住宅

大手ツーバイフォーメーカーで2世帯住宅を建築したMさんからの相談事は、引っ越してからのものでした。

1階が親世帯、2階が子世帯の、完全分離型の2世帯住宅です。相談事は、ご両親が晩ご飯を終えリビングでくつろいでいると、決まった時間にリビングに匂いが充満するというものです。

あるときはカレーの匂い、次の日は焼き魚、別の日は焼肉といったふうにどうやら近所の晩ご飯の調理の匂いがリビングに充満するようなのです。

たまたま日曜日に親世帯で子世帯と合同で食事をしたとき、父親が「お母さん、今日は匂いがしないね」と一言言いました。

これを聞いた息子さんが「なんか匂いがするの?」と尋ね、父親が「昨日は焼肉、一昨日は焼き魚、その前はカレーの匂いがしたんだ」と言うと、お嫁さんが「あら、まるで我が家の晩ご飯とまったく同じですね」と答えたというのです。

父と子は思わず顔を見合わせ、そういえばお隣りの台所はわが家の側にないし、ひょっとして2階の台所の匂いが1階にまわっているのかもしれないということになりました。

そこで私のところへ相談に来た次第です。相談にみえる際に設計図を持参くださいとお願いしてありましたので、図面を持参のうえで相談にみえました。図面を見ると、1階2階とも全館空調換気システムを採用しており、原因はすぐに推察できました。全館空調換気システムの吸気ガラリのすぐ近くに、2階の台所の排気ダクトがあります。つまり2階台所の排気が1階の全館空調換気システムの吸気ガラリから吸い込まれているため、匂いが全館空調換気システムのダクトを経由して1階にまわり込んでいることが原因と思われました。

確認のため現場に出向いたところ、やはり推察どおりでした。念のため2階の台所で蚊取り線香をたいてみたところ、すぐさま1階にその匂いが漂ってきたのです。これは明らかに設備設計の位置を間違えた結果です。

さっそくハウスメーカーにクレームを申し入れ、ハウスメーカーもこの事実を認め、全館空調換気システムの吸気ガラリを変更することになったのですが、1階のダクト経路を変更するために天井ボードを剥《は》がすことになり、予想外の大掛かりな工事となってしまいました。

今回は2世帯住宅ということで起きたことですが、お隣りの家と近接している場合でも十分起こりえることなので、設計の段階で十分な注意を払う必要があります。ハウスメーカーの設計者は現場を見ないで設計する人がほとんどですから、注意を喚起すべきでしょう。

子供世帯の住宅を親世帯に増築したのに往来ができない廊下

Tさんは両親の自宅の一部を取り壊し、お互い往来ができる2世帯住宅を増築することになりました。

依頼先は、大手在来工法のハウスメーカーです。相談に来られたのは上棟打ち合わせが終わったときでした。Tさんが言うのには、2階の廊下で両親の家と往来ができるように依頼して契約したのに、今日上棟打ち合わせで、往来できるはずの廊下の接続部分に段差ができてしまい、さらに増築した子供世帯の廊下と親世帯の廊下が20センチもずれていることを説明されて愕然とした、とのことです。今までにも、玄関ポーチ上に位置する2階のユニットバスが、1階用のユニットバスの仕様で設計されていたため急遽現場で変更になり、玄関ポーチの天井が下がることになり、2400ミリの高さの玄関ドアもつけられなくなったことがあったとのことです。

Tさんのお話を聞いていると、にわかには信じられませんでした。Tさん夫妻は、お話をしているといかにも好人物で、どうやら今まではハウスメーカーもわざと間違えたのではないと、自分たちを納得させてきたようです。けれども往来ができない廊下になってしまったことに関しては、当たり前のことですが納得できないので、どうしていいかわからず相談に来たとのことです。

設計図を見ると、確かに平面図も断面図も2階の廊下で往来できるようになっています。なぜ間違って施工されてしまったのか確認するため、現場確認に行きました。

着工の際には、必ず配置の確認をします。大手ハウスメーカーであれば配置確認書というものを作成し、施主の承認の署名をいただくルールになっています。工事担当者に配置確認書を持参するよう申し伝えてありましたが、今回は増築なので配置確認書は作成していないと言うではありませんか。そこで私のほうでいまさらではありますが、図面どおりに配置されているか、図面どおりの高さの設定になっているかを確認することになりました。

すぐに間違いに気がついたのは、図面では増築する子供世帯の配置基準線は外壁の中心線と明記されていますが、現場で確認したところ親世帯の外壁の外面を基準として配置しているので、ちょうど親世帯の外壁の厚さ分、位置がずれたまま基礎工事をしてしまっていたのです。ですから、結果として廊下の位置がずれてしまったことがわかります。

高さについては、親世帯の2階床までの高さの計測が間違っていたことが判明しました。

なんともいい加減な、あきれるほど杜撰な工事です。

これは明らかにハウスメーカー側の施工ミスが原因ですので、こちらからは新たに工事をやり替えるよう要求したのは当然です。はじめは場当たり的な改修方法を主張していたハウスメーカーの工事担当者でしたが、こちらから社長に直接公開質問状を発送したところ、ただちに非を認め、やり替えることになったのは言うまでもありません。

築23年の中古住宅をリフォームしたいけど……

30代の若いご夫婦から中古住宅を購入し、リフォームをしたいので現地を見て問題がないか調査をしてほしいとの依頼がありました。仲介業者の営業マンは、「しっかりした家でリフォームすればまだ20年は問題なく住めます」と言っているそうです。

中古住宅の調査は目視が原則で、「構造体がどうなっているか、防水工事がどうなっているかを判定するのは困難です」と説明すると、それでもプロの目線でありのままを見てほしいとのことでしたので、調査をすることになりました。

現場に到着し、双眼鏡で屋根・外壁回りをひととおり見ましたが、サイディング（外壁材）の目ズレを起こしている箇所があり、基礎を見ると建物のほぼ中央部分に構造クラック

玄関ポーチに亀裂が！

があります。この土地のロケーションは、南傾斜で南側は一部盛り土をして擁壁《ようへき》を設けていることがわかります。盛り土部分は、5センチ程度沈下していることもわかりました。

この段階で私の出した結論はNGですが、せっかくですから内部も拝見しましょうということで、玄関土間から廊下にあがったとたん、廊下が南側に傾斜していることが体感できました。念のため水準器で傾斜を計測すると、なんと2％もの勾配です。つまり100センチで2センチ下がっているわけです。玄関の外壁の傾斜も、南側に傾いていることが水準器でわかります。

これ以上調査する必要もないと判断した私は、ご主人に耳打ちして調査を終了させ、不動産業者と別れてから、リフォームするには適さないので売り主に解体をしてもらい、更地なら購入を検討したほうがいいとの結論を伝えました。実は明後日契約をすることになっていたとのことですが寸前で中止できることになり、更地の条件で交渉をするということにしますとの回答が返ってきました。

もちろん、すべての中古住宅がこのように問題があるわけではありません。この建物は、敷地そのものが南側を盛り土し、長い年月の間に不同沈下を起こし、その影響で建物が傾いてしまったという特殊事例です。

かっこいいデザイナーズハウスは雨が降ると大変なことに

最近は以前ほどデザイナーズハウスの広告を目にしなくなりましたが、デザイナーズハウスを契約して建物が完成し、いよいよ引っ越しという寸前に駆け込んできたWさんの話です。

Wさんは、2週間後に引っ越しをするために新しい家に小物を運びに行ったとき、2階リビングの中庭側の天井に雨が漏《も》ったような形跡があるとのことで心配になり、相談に来られました。

とにかく現地を確認しましょうということで、売り主・施工業者同席のうえ現地確認をすることになりました。建物はいかにもデザイナーズハウスの雰囲気で、半地下室＋木造2階建の瀟洒《しょうしゃ》な建物です。屋根は部分的に曲線になっており、デザイナーズハウスの特徴とも言えますが軒先の出《で》はありません。外壁は真っ白の吹き付け仕上げで、中庭を囲んだ面に大きな嵌《は》め殺し窓が全体のデザインの特徴でしょう。

早速雨漏りがしている箇所を確認すると、すでにその部分の天井は一部取り壊してあり、天井の内部を確認することができます。中を確認すると雨が漏った形跡があり、外壁の合板に水が流れた筋があります。今度は当該箇所の外部側を確認することになりますが、足場がありませんので梯子《はしご》を屋根の部分まで延ばして屋根を確認すると、曲線の屋根と直線の屋根の交点の部分のおさまりが悪く、ここから雨が浸入した可能性が高いことがわかりました。さらに中庭に面しているサッシは、外壁の入り隅ギリギリから設置されており、サッシ回りの防水テープの施工に問題があることが推察されます。

雨が浸入している箇所の見当がつきましたので、今後どのようにするかの話し合いをすることになりました。以下Wさんと売り主のやり取りを簡潔に記述すると……、

Wさん…新築なのに引っ越す前に雨が漏るというのはどういうことですか。

売り主…誠に申し訳ありません。とにかく原因を確かめたのち、対策を考えて今後漏水のないよう対処いたします。

Wさん…原因を確かめる方法を教えてください。

売り主…今日の調査で漏水箇所がおおよそ特定できましたので、まず放水試験を実施して漏水箇所を特定します。その後、漏水箇所を万全の方法で改修いたします。

Wさん…漏水箇所が特定してからの改修工事の方法に関しては、市村さんの指示に従ってください。

売り主…そのようにさせていただきます。

そして、放水試験の結果、漏水箇所は屋根の部分とサッシの部分、と判明しました。屋根の部分はカバー工法といって、現在の屋根の上に新たに同じ材料（ガリバリウム鋼板）で覆ってしまう方法を採用し、サッシ部分は外壁を一部分壊してから方法を検討することにしました。

外壁の一部を壊したということで確認に行ったところ、案の定サッシのツバにかかる防水

漏水のため外壁を一部壊して防水工事をやり替える

テープの施工不良が見つかりました。入り隅部分にサッシのツバがギリギリについているので、防水テープが密着せず、いわば細い樋のように縦に空隙が連続してしまい、そこから雨が内部に浸入してしまったのです。

結局防水テープだけでは雨が止まりませんので、このサッシの周りはすべて外壁を壊し、FRP防水を施す方法で改修をさせました。Wさんにしてみれば、いわば新車を買ったけど納車されたときには板金塗装補修をされた状態といったのと同じです。納得ができず、結局値引きをさせることで解決をしたようです。

床のフローリングの色が決めた色と違う

似たような話はよくあるのですが、Hさんは新しく購入する大きな家具がリビングルームに入るかどうか確認するために、奥さんと一緒に現場に行きました。

現場はすでに壁・天井のクロスを施工する段階で、大工工事はほとんど終わった状況でした。現場にはシステムキッチン工事のため職人さんがいたそうですが、挨拶をしてリビングルームで寸法を測っていたとき、奥さんが「床のフローリングの色がお願いしたものと違う！」と気がつきました。

設計段階の色決めで、フローリングの色は木の素材の色のままのナチュラルカラーと決めてあるのに、現場の床の色はブラウン系でした。この段階では、床は養生のためにフローリングの上に全面養生シートが張られており、フローリングの色が見えるのは壁際の1センチ前後の幅だけです。しかも工事中は石膏ボードの切断の際に発生する微粉末がかぶさり、色の確認はなかなかしにくいのです。

では、なぜこんな単純な間違いが起こるのでしょうか？　住宅に使用される仕上げ材料は、建材メーカーやハウスメーカーでコンピューターのシステム管理上、型番を決めて管理しています。たとえば上記のフローリングの場合は、材料の種類・厚さ・色の最低限3種類の仕様を決めるとき、○○○12Bといったような表記をします。○が材料の種類、12は厚さ、Bがブラックを表わす色といった型番になります。

ところで設計図を見ると、Hさんのフローリングは色の部分がNと表記されていました。おそらくこれはナチュラルのNでしょう。ところが実際に現場に搬入されたフローリングは伝票にMと表記されています。つまり図面の表示と搬入されたものと色が異なるのが明らかです。資材を発注する際に担当者が単純な思い違いをして、ノーチェックで発注をしてしまったことが原因とわかりました。

現場の大工さんは、設計段階で決めた色がどんな色かはわかりません。大工さんは搬入されたものが正しいという前提で仕事をしますから、この場合大工さんに責任はありません。

型番だけで資材を発注することはシステム上やむをえないと思いますが、たとえば設計図に型番以外に色を明記しておけば、明るい色か濃い色かぐらいは判別できます。フローリングが搬入された段階、あるいはフローリングを施工し始めた段階で、工事担当者のチェックもなかったわけです。

ハウスメーカーの工事担当者はミスは認めたものの、フローリングを張り替えると下地の合板が接着剤で剝《は》がれたり、壁の石膏ボードが欠けたりするので、このままの色でお願いできないだろうかとの話をしたようですが、Hさんはリビングに置く家具とフローリングの色をコーディネートしているのでやり替えるよう、お話をしました。

結局やり替えることになりましたが、床合板は一部フローリングを施工する際に使用した強力なボンドで、表面が剝がれてしまい、壁の石膏ボードも崩れてしまって、床合板・石膏ボードともに貼り替えなければならない箇所がかなりありました。やるべき時期にやるべきことを怠ると、このような結果になってしまうという例です。

夏休みに旅行から帰ってきたら台所がカビだらけ

鉄骨系のハウスメーカーで、3世帯住宅を建築したNさんの事例です。

1階は娘さんご一家、2階がご両親、3階が息子さんご一家の3階建で、それぞれのお宅は外部階段に面した玄関からの出入りで、家の中では行き来ができない間取りとなっています。工期が遅れて4月下旬に入居されたそうです。そして事件は7月に起こりました。

1階の娘さんご一家が夏季休暇で10日間旅行に出かけていて、自宅に戻ったその日、玄関を開けたら異臭がしたそうです。

臭いのもとはどこかと調べて台所にたどり着き、台所の壁にはカビが発生し、床のフローリングの壁際が黒く変色しているのを発見したそうです。ハウスメーカーのアフターにすぐ現状を見るよう連絡すると、その日は担当者が不在で翌日お伺いするとのこと。とにかく家中の窓を開け放ち空気を入れ替えましたが、小さなお子さんがいるので心配になり、その日は2階のご両親のお部屋に寝ることにしました。翌日ハウスメーカーの担当者が現場を見に来たそうですが、その日は原因がわからないということで「後日あらためて職人を連れて調査にきます」ということでした。

そのような状況で私に立ち会いの依頼があり、ハウスメーカーの調査日に立ち会いました。床のフローリングはかなりの水を吸い込んだようで黒カビが発生し、その近辺の壁には青カビが大量に発生していました。

このカビの発生している壁は外壁ではなく、また2・3階には漏水の形跡がないことから、原因は壁内部の設備配管からの漏水と推察されました。設計図を見ると、その壁には給水管や排水管はありません。くわしく図面を見ると、2階のエアコンの位置がちょうどこの部分の真上に位置しています。そこで壁を一部壊して内部を見てみると、そこには2階のエアコンの配管が縦に通っていたのですが、なんとドレイン配管が外れていたのです。つまり2階のエアコンのドレイン管の冷却水が、1階の壁の中に流れ出していたわけで、これではカビが発生するのは当然です。

なんともお粗末な施工管理で、Nさんご一家はあいた口がふさがらないといった状況です。ハウスメーカーの担当者も顔は青ざめ下を向いたままです。

とにかく担当者レベルではどのようにしたらいいかわからないということで、今後の対応についてその日のうちには結論が出ず、後日責任者を交《まじ》えて協議をすることになりました。

協議当日、ハウスメーカーからは支店長を含めかなりの人数が来ました。ハウスメーカーの提案はカビが発生した部分は床・壁ともにやり替えるということでしたが、Nさんはそれでは納得できず、1階については内装をすべてやり替え、2・3階に関してはカビの発生状況を専門の調査会社に調査をさせ、安全であることの証明をするよう申し出をしました。

ハウスメーカーも杜撰な工事を目の当たりにして、Nさんの申し出を断わるわけにもいかず、仮住まいに引っ越しをしていただき、内装をすべて撤去し、すべて新たにやり替えることになりました。

結局やり替え工事は2カ月もかかり、Nさんは新居に引っ越して3カ月で仮住まいにまた引っ越しをし、都合3回も引っ越しをする羽目になったわけです。

ドレイン管を接続しないまま工事を進めるということは考えられないのですが、ハウスメーカーの後日談によると、空調工事の担当者は当該箇所の接続をしていないことはわかっており、翌日に接続をする予定が、翌日には別の現場でクレームが発生し、そのクレームもかなり時間がかかり、そのうち大工工事が進んでしまい、壁がふさがれてしまったようで、空調工事の担当者も接続未了のことをすっかり忘れてしまったというお粗末な話でした。

第8章　最近の住宅メーカーの裏事情

撤退を始めた中堅の住宅メーカー

「姉歯事件」は、皆さんの記憶にもまだ残っていることでしょう。この事件が起きた要因は、大きく分けて、発注者側の過度な利益追求・設計業界の力関係と専門性・ゼネコン業界のモラル低下・確認申請の審査方法の問題の四つがあります。

発注者であるデベロッパーの中には、利益追求のみを考え、良質な住宅を提供するという当たり前の企業モラルをなくしている会社があります。そんな会社は、設計事務所・ゼネコンの選定にあたっては、発注額の安いことのみを最優先させて選定をしてしまうことになります。

その結果、デベロッパーは設計を構造部門を自社で持っている事務所ではなく、意匠専門の事務所に発注することになります。意匠専門の事務所は当然構造設計を外注しますが、ここでも外注費を抑《おさ》えることを優先してしまいます。もともと意匠事務所には構造のことを理解している人は存在していませんから、依頼先の構造事務所の能力を判断できないのが実情です。

姉歯建築士は構造設計専門の人間です。構造設計者はどちらかといえば意匠事務所の下請けという形態が設計業界では横行しており、外注設計費は意匠事務所の意向が強く働いてしまい、かなりダンピングされることがあります。おそらく外注構造設計費はかなり安かったので、姉歯氏に悪魔の心が取り付いたのでしょう。考えられない手抜きをしてしまったわけです。

その手抜きを意匠事務所は見抜くことができず（もともとその能力は持ち合わせていませんが）、確認審査でも担当者は見抜くことができず、確認申請が許可されてしまったのです。

その設計図をもとにゼネコンは見積もりを作成したわけですが、経験豊富でモラルが高い技術者が見積もれば、その段階で構造設計図がおかしいと気がついたはずです。しかしそのまま素通りしてしまい、現場に入ってからも柱の鉄筋の少なさに疑問も抱かずに建物を完成させてしまったのです。

この事件が発覚したのは、モラルの高い構造設計者の内部告発によるものですが、かつて経験したことのない事件の重大さに国も重い腰を上げ、建築基準法の改正に至りました。改正により大きく変わったのは構造設計の審査を厳しくするということですが、その結果、確認申請の審査期間が大幅に長くなり、その影響は住宅メーカーにもおよび、確認申請がなかなか取得できなくなり、着工が軒並み遅れることとなりました。

その影響は一年以上の長期におよび、さらにその後の金融不況が追い打ちをかけ、中堅の住宅メーカーの多くが業界からの撤退を余儀なくされました。同時に建売事業者も苦境に陥り、多くの業者は倒産してしまったのです。

この事件を境に構造チェックを厳しくするという制度は確立されましたが、世界不況の影響が長く続く中で、物づくりのコストダウンと工期短縮が要求されており、このような事件が二度と起こらないという保証はないと言ってもいいでしょう。

日本の家づくりの歴史を紐解《ひもと》くと……

そもそも日本の家づくりは、昔はその土地土地にいた優秀な棟梁《とうりょう》と呼ばれる大工さんたちが支えていました。

1970年ころからハウスメーカーが乱立し出し、その資金力と宣伝力で瞬《また》く間に成長を遂《と》げ、やがて地場の工務店や職人たちはハウスメーカーの下請けに参入せざるをえない状況になっていきました。バブル期を迎え、効率的金もうけ主義が横行し、手づくりから工業化の道へ突き進み、世界に誇る日本の職人たちはやがて現場を離れていくことになってしまったのです。

一方で住宅産業は大きなお金が動くことを知った畑違いの人たち、たとえば化学産業・不動産業・林業・電鉄会社などが住宅メーカーを立ち上げ、ハウスメーカーが乱立することになりましたが、しょせんは素人集団の悲しさで「構造を知らない建築士」に設計をさせ、「現場のことがわからない現場監督」に現場管理をさせ、挙句のはてに「コンクリートの特性を知らない基礎業者」「釘も満足に打てない大工」などがはびこるようになりました。

特に急速にコマーシャルを打って知名度を上げた住宅メーカーは、要注意なのです。これらの住宅メーカーは２００８年夏から２００９年３月までにかなり淘汰されましたが、いまだにしぶとく生き残っている住宅メーカーもあります。そんな住宅メーカーは、協力業者と呼ばれる下請けの職人たちをコーディネートして発注単価を引き下げ、利ざやを稼ぐ方式が多く、完成すると隠れてしまう部分の工事の杜撰《ずさん》さは目に余るものがあります。だからこそ顧客自身が知識を身につけ、メーカー選定やメーカーとの交渉、現場のチェックをしなければならない時期が来ているのです。

とはいえ、専門的な知識は簡単には身につかず、プロの第三者チェックを頼むのが一番なのです。

原価公開方式の見積もりは本当に原価を公開しているか？

書店に行くと住宅関係の書棚にはたくさんの本が並んでいます。その中に、「原価公開方式」を謳《うた》っているハウスメーカーや工務店の経営者が書いている本を見かけます。またWEB上でも「当社は原価を公開しているので建築費には透明性があります」と、自慢げなキャッチコピーを見かけます。

皆さんは原価と聞くと、利益が乗っからない仕入れたそのものの価格と思うでしょう。ところが、ここでいう原価とは、ハウスメーカーや工務店が仕入れる原価のことではなく、発注者すなわち建築主に提示する価格のことを指しています。つまり「原価=仕入価格」ではないのです。仕入価格を公開しているハウスメーカーや工務店は存在しないということをまず理解してください。

物の値段には原価と売価がありますが、住宅の原価は大きく分けると材料費・工賃・管理費の3種類になります。

材料費はその名のとおり住宅に使用される材料の価格で、工賃はその材料を使って現場で作っていく職人の人件費、管理費はハウスメーカーや工務店の経費で、たとえば会社を存続するための経費、つまり社員の給料・事務所の家賃・厚生費・各種保険・税金などです。会社の利益もここに含まれます。

材料費と工賃ですが、住宅業界では材料費と工賃を分けて計上する場合と、材料費と工費を一緒に計上する場合があります。前者はたとえば木造の場合、木材費用と大工の手間のように分けて計上することが多いのです。一方後者は基礎工事の見積もりで、坪単価○○円とか基礎のメートル単価で計算したりします。いずれの場合もハウスメーカーや工務店が仕入れた単価（原価）をそのまま表わしていることはなく、原価に管理費を乗せた単価になっているわけです。

建築の材料費には、定価・設計単価・仕入単価と３種類の値段があり、材料メーカーとしては年間に多くの材料を仕入れてくれる会社には仕入単価を安くして提供をしますし、たまに買いに来る会社には仕入単価を高くして提供します。

この仕入単価は社外秘扱いですから絶対に公開はしません。本来見積もりとは、積算方式で行なうのが正しいのです。つまり一つ一つの材料と数量を掛け合わせたものを積算していき、合計いくらと出すやり方です。原価方式と謳っている会社でも、一式いくらといった詳細がまったくわからないものがあります。このような場合は一式の内訳詳細を要求し、それが出せないようだったら契約はしないほうがいいでしょう。

坪単価には数種類あるって本当か？

坪単価の計算は、建築費を床面積で割ったものというのはご存じだと思います。建築費が2000万円で床面積が40坪なら坪単価は50万円になります。しかし、この坪単価は何種類もあるのです。

まず建築費ですが、一言で建築費と言っても、どこまでの工事費と諸費用を含むのかによって金額が大きく変わります。

多くのハウスメーカーは資金計画表という書式で総資金を説明しますが、資金計画表には次のような項目があります。

①建築工事費＋付帯設備工事費
②付帯工事費
③カーテン代・照明器具代
④諸費用

です。

①の建築工事費は建物そのものの工事費で、付帯設備工事費は外部の電気・給排水・ガスの工事費です。最低限生活できるまでの建物が完成したという金額と言っていいでしょう。

②はエアコン・外構工事費（門・塀・植栽・駐車場工事など）で、施主の希望により標準化できない費用です。また地盤が悪ければ、基礎補強工事費や補強杭工事費が入ってきます。

③も、②と同様、施主の希望により標準化できないので別項目で表記します。

④は直接工事費ではなく、設計料・確認申請料・各種保険料・登記費用などです。

さて坪単価を計算するに際して①だけなのか、それとも①〜④をすべて含んだ金額なのかによって当然坪単価は変わります。

次に床面積ですが、床面積にも法床面積（確認申請時に基準法により算定した面積）と施工床面積の2種類があります。施工床面積は基準法では含まれない部分の面積のことで、たとえば玄関ポーチ（形状により含まれることもあります）・2階のバルコニー・吹き抜けなどの面積です。読者のかたはもうおわかりになったと思いますが、何を基準に坪単価を計算しているかにより、いろいろな坪単価があるというわけなのです。

たとえば①＝2000万、②＝200万、③＝40万、④＝200万と想定してみます。また法床面積が40坪、施工床面積が50坪とした場合で計算してみましょう。

建築費を①だけで計算した場合の施工床面積での坪単価は、2000÷50＝40万円。

①〜④すべてを法床面積で計算した場合の坪単価は、2440÷40＝61万円。つまり、21万円もの違いとなってしまいます。

ですから坪単価○○円と説明された場合、いったい建築費はどこまでを含み、面積は法床なのか施工床なのかを必ず確認しておく必要があります。初期営業の段階で、この質問に対して明確に回答できないハウスメーカーはお断わりしたほうがいいでしょう。

坪単価のマジック

もう一つ、坪単価のマジックを説明しておきましょう。

ローコスト住宅のハウスメーカーの建物は、そのほとんどが総2階建です。なぜでしょうか？　白い紙で縦横1辺が5センチ、高さが3センチの立方体を2個作ってください。2つの立方体を上下に重ねれば総2階建になります。一方、2つの立方体を横並びにすれば平屋になります。

この2種類の立方体のモデルで一目瞭然なのは、平屋の基礎の長さは総2階建の2倍、屋根も同様に2倍（実際は屋根の勾配があり、軒先までの面積で考えれば2倍以上になります）です。それに対して、外周部の壁は平屋のほうが2面分だけ少なくなります。

つまり平屋は総2階建に比べて基礎工事費と屋根工事費がほぼ2倍以上、外壁仕上げ工事費が約4分の3となります。同じ床面積でも平屋のほうの坪単価が高くなることがわかるでしょう。ましてや凸凹した複雑な外壁形状になれば、さらに割高になります。同じ面積でも、平屋・総2階・一部平屋付き2階によって坪単価は大きく変わるのです。

ローコスト住宅は、サッシ・内部ドアの数量が少ない、2階に洗面・便所がないことなどが特徴で、オプション扱いになっていることが多いのです。つまりカタログなどに記載される坪単価は安くても、オプションを追加していけば一気に坪単価は跳ね上がるのです。

皆さんは車を購入するときに、車種を決める際は価格表を見ると思いますが、同じ車名の車でも排気量やオプションによってものすごく価格が違うことを経験されていると思います。

車の場合は実車が目の前で確認できますからわかりやすいのですが、住宅の場合は未完成のものを検討しなければならず、つい坪単価で比較してしまいがちですが、坪単価にはマジックがあるということを肝《きも》に銘《めい》じてください。

予算を聞かれたら7〜8掛けで伝えよう

総合展示場のモデルハウスを訪問し、ハウスメーカーの営業マンとコンタクトをとると、営業マンは必ず次のようなことを尋ねてきます。

建築場所はどこか・建築時期はいつごろか・他のメーカーも検討しているか……。これらに丁寧に答えると、「では新築する際のご予算はいくらぐらいでお考えでしょうか？」と尋ねてきます。

そんなとき、予算を言う前に「いったいいくらくらいかかるの？」と逆に問いかけてみるといいでしょう。

ここで優秀な営業マンと売れない営業マンの営業トークに違いがでてきます。売れない営業マンは即座に「そうですね、標準的な仕様で坪55万〜65万円くらいです」と、坪単価で回答します。一方、優秀な営業マンは、このお客様は脈ありと思い「立ち話もなんですから」と打ち合わせコーナーに着席をさせ、商談を進めることになります。

席に着くとさらに細かな質問をしてきます。建て替えなのか更地に新築なのか、家族構成・間取りに対する希望などを聞き出し、メーカーで用意しているプラン集を持ち出し、その中から間取りの希望に合ったプランを選んで、そのプランでの予算額の説明をします。資金計画表という書式を前に、住宅が完成するまでの費用の内訳と概算を説明してから、「おおよそ〇〇〇〇万円くらいは必要でしょうね」との目安を説明してくれるのです。

仮にこの予算金額が自分たちの考えている予算をはるかにオーバーしていたら、そのことを伝えて打ち合わせを終了したほうがいいでしょう。営業マンも予算が大幅に合わない場合は、それ以上話を進めないと思います。

提示された予算金額が自分たちの考えている予算以下の場合は、初めの段階では提示された予算額の7～8掛けで伝えるといいでしょう。不思議なことに予算が２５００万円と伝えると、次回打ち合わせのときに提出される資金計画表には２５００万円前後の金額が提示され、３０００万円と伝えると３０００万円前後の金額が提示されるのです。

また間取りを決めてから細かい部分の打ち合わせを重ねていくと、必ず金額はアップしていきます。そのときの予備費としても、初めの段階で満額の予算を伝えないほうがいいということになるのです。

メーカーは営業マンの人柄だけで決めてはいけない

顧客側からみればどのハウスメーカーがいいのか悩むところですが、多くのかたに「どうしてこのハウスメーカーに決めたのですか？」と尋ねてみると、次のようなことでハウスメーカーを決めているようです。

①担当した営業マンが信頼できる人

②ハウスメーカーのブランド

③価格が予算内

④友人の紹介

⑤間取りやデザインが気に入った

これらがハウスメーカー決定時の主な要素のようですが、なかでも①の「営業マンが信頼できる人」と答える人が意外と多いことに驚かされます。

たしかにハウスメーカーではじめて接触するのは営業マンで、人間ですから好き嫌いや相性というものがあり、第一印象が悪いとその後の打ち合わせは遠慮したくなるのは仕方ないことだと思います。第一印象がよく、間取りやデザインの提案も気に入って、はじめて見積もり依頼まで進むことになります。そして金額が予算内に収まれば「契約してもいいかな？」と話は進むようです。

ところがメーカーを決定する要素の大きな部分が、実は見落とされているのです。日本の多くのハウスメーカーの仕事の進め方は、営業→設計→工事→アフターといったようにセクションごとに担当者が替わっていきます。そしてなによりも実際に家を造るのは下請けの職人であり、またその職人たちを管理する工事担当者の能力が大きく影響するということです。営業マンは契約が終わると気持ちのうえでも一段落し、その顧客の仕事は終わったという意識が働き、次の契約に向けて心が動いてしまいます。

問題は、その後の担当者が営業マン以上に信頼ができる人物かどうかということです。契約の段階ではその後の担当者、特に工事担当者や下請け業者が決まっているわけではありません。どうしたら信頼できる担当者に引き継ぎをしてもらえるのでしょうか？

営業マン自身も、着工してから現場で顧客との間にクレームが発生すると、本来の営業に向ける時間がクレーム対応に割かれてしまうことを恐れます。そこで、契約前までは、「良いお客さん」ではなく「悪いお客さん」の印象を与えることが必要でしょう。神経質で細かいことにこだわり、お金にうるさいなどの印象を与えることとです。ただし、打ち合わせには夫婦で参加し、夫婦で役割分担をすることをお勧めします。たとえば夫が「悪いお客さん」妻が「良いお客さん」といったように、どちらか一方がその嫌な役回りをすればよいでしょう。

不思議なことに「良いお客さん」ほど契約後の仕事の進め方には神経を使わないのが一般的で、「悪いお客さん」ほど契約後の仕事の進め方に注意を払うのです。ですから営業マンに「このお客さんは神経を使わないとならないな！」と思わせることにより、その後の担当者を誰にしようか神経を使うことになります。

ハウスメーカーも顧客を値踏みしている

多くのかたはハウスメーカーに依頼する場合、数社を競合させているようです。そしてメーカーの提案力・営業マンの人柄・価格などを総合してどこに依頼するか値踏みをして契約に至るようです。

実はハウスメーカーも顧客を値踏みしていることを、ご存じですか？

ハウスメーカーの新しい客のうち、過去の客からの紹介客は原則競合しないということで特Aランクになりますが、その他の客は他のハウスメーカーと競合しています。競合の中でどの顧客を契約まで優先して営業するか、営業会議の場で顧客のランク付けをするのです。そのランク付けの際の顧客情報は次のとおりです。

まず第一に、建て替えなのか、それとも土地を新規に取得してから家を新築するのか、これによってランク付けが変わります。建て替えの場合はすでに土地を所有していますから、着工に向けてのスケジュールがはっきりしており、また土地取得にかかる費用が必要ないので、建築費だけの予算管理をすればよく、営業としては契約までの予定が立てやすいのです。逆に土地を新たに取得する顧客（ハウスメーカーでは「土地なし客」と言います）は、不動産仲介業者が間に入っているので一元管理が難しく、土地の契約までの時間の読みができません。また土地の価格によって建築予算が変動してしまうことになるので、営業マンとしてはどうしても後回しになりやすいのです。

着工時期によっても違います、一年以内に考えている顧客（「ホットな客」と言います）は契約までの期間が短いのでランク付けは上位になります。数年後に新築を考えているというと、長期見込み客リストに入り、定期的なＤＭ発送のフォロー客扱いになるでしょう。

ハウスメーカーの営業マンは、一回目の商談でなんとか顧客情報を多くヒヤリングしようとしますが、そのヒヤリングに丁寧に答え、さらには敷地調査申し込みを快諾すると一気にランク付けは上がります。敷地調査は原則として有料ですが、これもなんとかこちらに顔を向けさせるため、無料キャンペーン中などと言って敷地調査の申し込みをしてもらおうとします。無料の申し込みであっても、顧客情報や建築地の情報が入手できますので、ランクは上がることになります。

以上のことから、紹介者であり競合がなく一年以内に建て替えるという顧客は特Aランクに、資料請求で土地から探し、建築時期は数年先という顧客はDランクとなってしまいます。このようにハウスメーカーは顧客のランク付けをして、営業マンのかかえている顧客の優先順位を決めて、契約までの期間を設定して営業活動をしているのです。

第三者検査の実態

ここで第三者検査について少し整理しておきましょう。

そもそも民間の第三者検査機関が登場したのは2000年のことです。それまで確認申請は役所でしか審査できませんでしたが、建築基準法改正に伴い、民間の確認審査機関でも役所と同様に、確認申請を受理し、審査することができるようになりました。

この段階での民間の確認審査機関は、あくまでも確認審査代行ということで、全国規模で多くの民間会社が設立されたのです。民間会社ですから、役所とは異なり各会社は利益を計上するため、役所の審査と比較して審査時間のスピード化にしのぎを削るようになり、結果として審査にかける時間を短縮するようになりました。

２００５年に、マンションデベロッパーのヒューザーの構造計算偽装事件が発覚しました。いわゆる姉歯事件はまだ記憶に新しいと思いますが、当時この審査をしたのが民間の確認審査機関であるイーホームズ（すでに存在していません）という会社でした。この会社は審査が早いということで建設会社・設計事務所・ハウスメーカーなどから人気（?）がありましたが、結局、構造計算の偽装を見抜くことができなかったのです。この事件をきっかけに一定の規模以上の構造計算はダブルチェックをしなければならないなどの法改正がありましたが、一般住宅の規模では従来と大きな変わりはありませんでした。

その後、性能評価制度がスタートして、設計審査と現場審査が始まり、これら民間の確認審査機関が現場検査を代行するようになりましたが、そのほとんどは申請書類ベースでの検査、つまり総論の確認だけで細かな施工不備に関してはほとんどノーチェックです。実際にこれら民間の確認審査機関の現場検査の後、私が検査依頼をされて現場を検査すると施工不備の指摘がかなり出てしまうのです。

またこれら民間の確認審査機関以外にも、建築検査員と称して現場検査を実施している民間会社があります。もちろん豊富な経験と知識を兼ね備えた会社もありますが、なかには木造は経験があっても、鉄骨造は経験がないにもかかわらず検査を実施している会社もあります。

素人である施主からみれば、すべての検査員がプロフェッショナルと見えるかもしれません。しかし中にはハウスメーカーや工務店の現場担当者よりも知識を持ち合わせていない検査員が検査をした場合、手抜き検査になることも多く見かけますので、第三者検査を依頼するときは慎重に選択する必要があります。

あとがき

さて、家づくりを始めようと思い立ったときから筆を起こして、注意してほしいことを書いてきましたが、読んでみて改めて住まいづくりの難しさを感じたかたは多いでしょう。

ひとことで家づくりと言っても、新築・建て替え・増改築とさまざまですし、土地の状況や家族構成も一様ではありませんから、これが正しい進め方ですと言うことは難しいのです。それでも基本的な進め方は変わりませんので、本書を参考にして安全で快適な家づくりができればと願っております。

パソコン・家電製品・車などを購入するときは、完成した製品が目の前にあり、見て触ることができますから、購入した後にとんでもない思い違いをしてしまったということは少ないと思います。完成した建売は別ですが、家づくりはまったくゼロからのスタートで、形の見えない設計図で打ち合わせを重ねていきながら自分たちの思いを作り手に伝えていかなければなりません。現場に入ってからも、素人目線ではわからないことだらけで、結局、作り手を信頼してお任せするしかないという場合がほとんどです。

問題は任せられた作り手側が、任せられるほどのモラルとスキルがあるかどうかですが、残念ながらすべての作り手がそうとは言えないのが実情です。

作り手側はプロとして施主に対抗してきます。私から見たら本当のプロとは言えない人たちでも、素人である施主にはプロと見えてしまうのはやむをえないでしょう。ですから施主側も、自分の手のうちにプロの人を武器として確保できるかどうかが、家づくり成功の秘訣というわけです。

家づくりを始めようと思い立ったとき、まずはじめに親戚・知人友人の中で住まいづくりに成功した人、失敗した人がいないかどうか探し、その人たちの意見を参考にして家づくりに対しての知識を蓄えることが大事だと思います。私のところに相談に来られるかたの中には、契約内容でもめているかた、工事に入ってから現場の進め方や出来具合でもめてしまったというかたもいます。もう少し早くご相談に来ていただけたなら、それらのもめごとは事前に簡単に解決できたのにと、悔しい思いがします。

家は家族が安全で幸せに生活できることが絶対条件で、せっかく家を建てたのに、いろいろな不具合が出てきたら家族同士も幸せになれません。どうか、事前準備とプロのアドバイスを受けいれる環境が整ってからスタートしてほしい、と願っております。

切りとり線

★読者のみなさまにお願い

この本をお読みになって、どんな感想をお持ちでしょうか。祥伝社のホームページから書評をお送りいただけたら、ありがたく存じます。今後の企画の参考にさせていただきます。また、次ページの原稿用紙を切り取り、左記まで郵送していただいても結構です。

お寄せいただいた書評は、ご了解のうえ新聞・雑誌などを通じて紹介させていただくこともあります。採用の場合は、特製図書カードを差しあげます。

なお、ご記入いただいたお名前、ご住所、ご連絡先等は、書評紹介の事前了解、謝礼のお届け以外の目的で利用することはありません。また、それらの情報を6カ月を超えて保管することもありません。

〒101―8701（お手紙は郵便番号だけで届きます）
祥伝社新書編集部
電話03（3265）2310
祥伝社ホームページ　http://www.shodensha.co.jp/bookreview/

★本書の購買動機（新聞名か雑誌名、あるいは○をつけてください）

＿＿＿＿新聞の広告を見て	＿＿＿＿誌の広告を見て	＿＿＿＿新聞の書評を見て	＿＿＿＿誌の書評を見て	書店で見かけて	知人のすすめで

★100字書評……なぜ九〇%の人が家づくりに失敗するのか?

名前

住所

年齢

職業

市村 博　いちむら・ひろし

1946年、東京生まれ。日本大学理工学部建築学科卒業後、大手建設会社設計部で構造設計に従事。独立後は事務所・病院・共同住宅の設計を手がけ、特に個人住宅の設計監理を数多く手がける。2001年に「住まいと土地の総合相談センター」を開設し、妥協なき住宅現場管理を実践している。『間違いだらけのハウスメーカー選び』ほか著書多数。
ホームページは www.e-home-inspector.com

なぜ九〇《きゅうじゅう》%の人《ひと》が家《いえ》づくりに失敗《しっぱい》するのか？

市村《いちむら》 博《ひろし》

2010年3月10日　初版第1刷発行

発行者……………竹内和芳
発行所……………祥伝社《しょうでんしゃ》
〒101-8701　東京都千代田区神田神保町3-6-5
電話　03(3265)2081(販売部)
電話　03(3265)2310(編集部)
電話　03(3265)3622(業務部)
ホームページ　http://www.shodensha.co.jp/

装丁者……………盛川和洋
印刷所……………萩原印刷
製本所……………ナショナル製本

造本には十分注意しておりますが、万一、落丁、乱丁などの不良品がありましたら、「業務部」あてにお送りください。送料小社負担にてお取り替えいたします。

© Ichimura Hiroshi 2010
Printed in Japan ISBN978-4-396-11194-6 C0252

〈祥伝社新書〉

話題騒然のベストセラー！

042

高校生が感動した「論語」

慶應高校の人気ナンバーワンだった教師が、名物授業を再現！

元慶應高校教諭 佐久 協《やすし》

044

組織行動の「まずい!!」学

どうして失敗が繰り返されるのか

ＪＲ西日本、ＪＡＬ、雪印……「まずい！」を、そのままにしておくと大変！

警察大学校主任教授 樋口晴彦

052

人は「感情」から老化する

前頭葉の若さを保つ習慣術

四〇代から始まる「感情の老化」。流《は》行《や》りの脳トレより、この習慣が効果的！

精神科医 和田秀樹

095

デッドライン仕事術

すべての仕事に「締切日」を入れよ

仕事の超効率化は、「残業ゼロ」宣言から始まる！

元トリンプ社長 吉《よし》越《こし》浩一郎

111

超訳『資本論』

貧困も、バブルも、恐慌も――、マルクスは『資本論』ですでに書いていた！

神奈川大学教授 的場昭弘

〈祥伝社新書〉
日本人の文化教養、足りていますか？

024
仏像はここを見る 鑑賞なるほど基礎知識
仏像鑑賞の世界へようこそ。知識ゼロから読める「超」入門書！
作家 瓜生《りりゅう》 中《なか》

035
神さまと神社 日本人なら知っておきたい八百万《やおよろず》の世界
「神社」と「神宮」の違いは？ いちばん知りたいことに答えてくれる本！
ノンフィクション作家 井上宏生《ひろお》

053
「日本の祭り」はここを見る
全国三〇万もあるという祭りの中から、厳選七六カ所。見どころを語り尽くす！
徳島文理大学教授 八幡和郎
シンクタンク主任研究員 西村正裕

134
《ヴィジュアル版》雪月花《せつげつか》の心
日本美の本質とは何か？——五四点の代表的文化財をカラー写真で紹介！
作家 栗田 勇

161
《ヴィジュアル版》江戸城を歩く
都心に残る歴史を歩くカラーガイド。1〜2時間が目安の全12コース！
歴史研究家 黒田 涼

〈祥伝社新書〉

目からウロコ！　健康“新”常識

071
不整脈　突然死を防ぐために
問題のない不整脈から、死に至る危険な不整脈を見分ける方法とは！
四谷メディカルキューブ院長　**早川弘一**

109
「健康食」はウソだらけ
健康になるはずが、病気になってしまう「健康情報」に惑わされるな！
医師　**三好基晴**

115
老いない技術　元気で暮らす10の生活習慣
老化を遅らせることなら、いますぐ、誰にでもできる！
医師・東京都リハビリテーション病院院長　**林　泰《やす》史《ふみ》**

155
心臓が危ない
今や心臓病は日本人の死因の1／3を占めている！　専門医による平易な予防書！
榊原記念病院　**長山雅俊**

162
医者がすすめる　背伸びダイエット
二千人の痩身《そうしん》を成功させた「タダで、その場で、簡単に」できる究極のダイエット！
内科医師　**佐藤万《かず》成《なり》**

〈祥伝社新書〉
本当の「心」と向き合う本

074
間の取れる人 間抜けな人
人づきあいが楽になる
イッセー尾形の名演出家が教える人間関係の極意。「間」の効用を見直そう！
演出家 森田雄三

076
早朝坐禅
凛《りん》とした生活のすすめ
坐禅、散歩、姿勢、呼吸……のある生活。人生を深める「身体作法」入門！
宗教学者 山折哲雄

108
手塚治虫傑作選「家族」
単行本未収録の『ブッダ外伝 ルンチャイと野ブタの物語』をふくむ全一〇編！
漫画家 手塚治虫

183
般若心経入門
276文字が語る人生の知恵
永遠の名著、新装版。いま見つめなおすべき「色即是空」のこころ
松原泰道

188
歎異抄《たんにしょう》の謎《なぞ》
親鸞をめぐって・「私訳 歎異抄」・原文・対談・関連書一覧
親鸞は、本当は何を言いたかったのか？
五木寛之

〈祥伝社新書〉
好調近刊書──ユニークな視点で斬る!──

151
ヒトラーの経済政策
有給休暇、ガン検診、禁煙運動、食の安全、公務員の天下り禁止……
世界恐慌からの奇跡的な復興
武田知弘

160
国道の謎
本州最北端に途中が階段という国道あり……全国一〇本の謎を追う!
松波成行

187
「スーパー名医」が医療を壊す
「Dr.コトー」も「医龍」も「最上の命医」も、何も分かっていない!
村田幸生

190
発達障害に気づかない大人たち
ADHD、アスペルガー、学習障害、これ1冊で全部わかる!
星野仁彦

192
老後に本当はいくら必要か
高利回りの金融商品は「悪魔のささやき」、エセ情報に惑わされるな!
津田倫男